アニメオタクの一級建築士が建築の面白さを徹底解剖する本。

著 NoMaDoS
イラスト 吉川尚哉

Saiz

introduction ―はじめに

・**千と千尋の神隠しの「油屋」は、抜け感満載の名建築⁉**
・**呪術廻戦に見る、日本建築界における最大の論争‼**
・**クッパ城の屋根には、現実にも通じる遊び心が込められていた⁉**

本書の主旨は、**マンガやアニメに登場する建物を切り口に、建築の面白さを解説する**というものだ。

建築家として仕事をするなかで、建築という分野に興味を持ってくれている人は案外多いと感じる。

「雑誌で世界の建築を眺めるのが好き！」

「あそこの名建築を見て感動した！」

「あの作品に出てきた建築は実現って出来るの⁉」

このような声をかけてくださる方は少なくない。建築に携わる者として嬉しい限りだ。

しかしそういった方々でも、二言目には口を揃えてこう言う。

「でも建築って、詳しく知るのは難しそうで……」
「なんとなくカッコいいということはわかるんだけど……」

私はいつも、そこに歯がゆさを感じていた。

もっと気軽に、楽しく建築の面白さを知ってもらうことはできないだろうか？　そんな思いから生まれたのが、本書である。

建築とサブカルチャー。両方のオタクである私から見て、**マンガやアニメ、ゲームに登場する建築物には、実に興味深いモノが多い。そしてその中には、実在する建築物や建築思想と結び付けて語ることができるものも多数存在している。**

本編では、全13作品のマンガや映画、ゲームを取り上げた。

専門的な内容というよりは、**馴染みのある現代の建築文化から面白い部分だけをいいとこ取り**するように書いたつもりだ。興味のあるところから、つまみ食いするように好きに読んでいただけたら幸いである。

「……でも、自分の好き嫌いで建築を語っちゃっていいの？」

もちろん!!

建築は最も生活に密着した芸術作品という側面を持ち、また誰しもが「体験」することのできる知識の結晶でもある。世界的に有名な名建築に限らず、私たちが暮らす住宅も、買い物に行く商業施設も、その施主・設計者・施工者それぞれが心血を注いで実現させた立派な建築作品のひとつ。**肩ひじ張らずに、自分の感覚を信じて楽しんでもらえばいい**のだ！

……それでは。

前置きはこれくらいにして、早速めくるめく建築の世界へ出かけよう！

アニメオタクの一級建築士が建築の面白さを徹底解剖する本。 ● もくじ

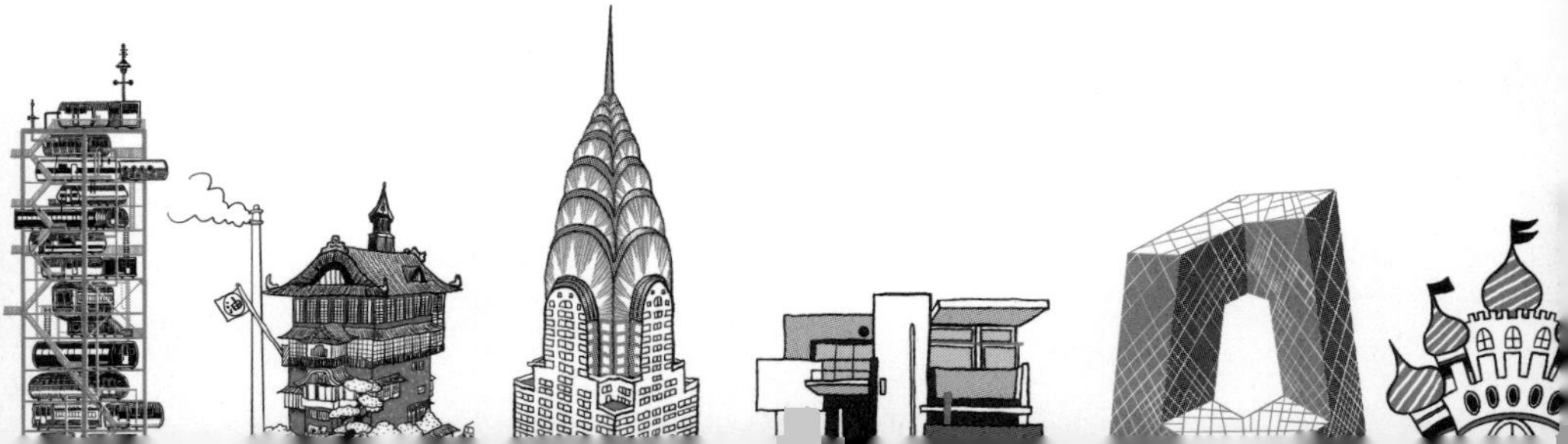

No.004
レディ・プレイヤー1
日本が生んだ驚きの手法
生き物のように形を変える建築

No.007

呪術廻戦

建築史に残る大論争！呪術高専のデザインは日本的…？

No.010
ゲゲゲの鬼太郎

家は住むためだけじゃない！
建築が持つもうひとつの価値とは？

No.011
クレヨンしんちゃん ヘンダーランドの大冒険

尖る！ はみ出す！
ド派手に主張する建築たち

No.012
ハウルの動く城

街が歩いて移動する!? 「建てない」建築の世界

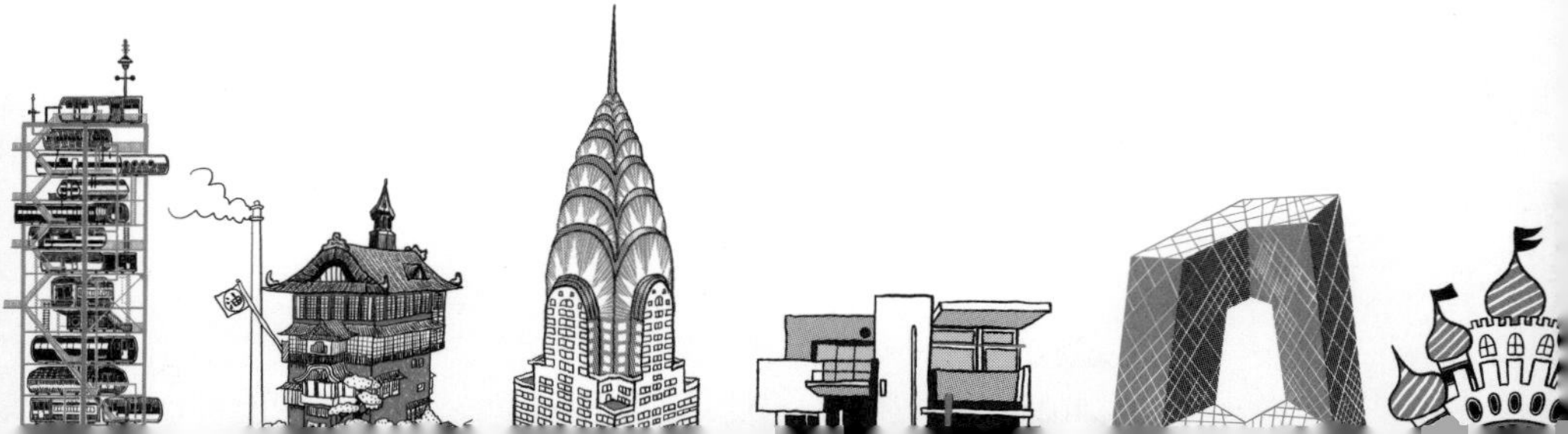

No.013
チャーリーとチョコレート工場

秘密のチョコレート工場には建築の最先端が詰まっていた！

No.001

魔法少女まどか☆マギカ

「まどマギ」に学ぶ “なんとなくイケてる建築” の正体

アニメ制作会社「シャフト」による日本のオリジナルテレビアニメ作品。2011 年 1 月から 4 月まで放送。絵柄のイメージとは異なるダークな世界観が話題を呼び、劇場版や小説作品などさまざまなメディアミックスが行われた。

「イケてる建築」の正体

「今っぽくてオシャレ！」

「モダンでかっこいい！」

住宅街を歩いていて、そう感じるお宅に遭遇したことはないだろうか？日本古来の木造建築とは異なる打放しのコンクリートや、四角くて箱っぽい建物全体の造り……。その家が醸し出す〝オシャレなデザイナーが住んでそう感〟は、こういった意匠によるものではないかと思う。

箱っぽい建物＝モダン。誰もが薄っすらと持っているこの感覚は、実は建築学の観点から見ても間違いではない。というか大正解だ。

もっと言えば、このぼんやりとした感覚の正体は、明確に言語化することができる。

鍵となるのは、**近代建築の巨匠ル・コルビュジエ**[※1]**が提唱した「近代建築の五原則」**だ。この五原則の登場は建築業界にとって、とんでもなく革命的な出来事だった。

提唱された1920〜30年代から現在に至るまで、コルビュジエの五原則は近代建築のスタンダードとして何十年もの間君臨し続けている。あなたの自宅や職場の建築物も、そのほとんどがこの五原則の上に成り立っ

※1　コルビュジエ（1887−1965）の本名はシャルル＝エドゥアール・ジャンヌレ＝グリ。「ル・コルビュジエ」という名前は彼が43歳のころに雑誌編集者として使っていたペンネームだ。コルビュジエ建築＝フランスのイメージが強いが、実はフランス国籍を取得したのも43歳のとき。それまでは生粋のスイス人だった。

ているはずだ。

まさに原点にして頂点。建築の面白さを学ぶうえで、コルビュジエの五原則は避けて通ることができない！　……そしてそんな五原則を解説するのに、うってつけの建物がある。人気アニメ『魔法少女まどか☆マギカ』内に登場する**「鹿目まどか邸」**[※2]だ。

見るからにデザイナーズ感溢れる、白を基調としたシンプルな四角い建物。開放的な窓と、アクセントとして絶妙な温かみを演出するグリーン。多くの方が思い浮かべる「モダンな建築」そのものではないだろうか。

実際、建築士の目から見ても、まどか邸は五原則が無理なく実現された、近代建築のお手本のような住宅である。

建築も然り、基礎を固めることは何事においても重要だ。

本項ではまどか邸の秀逸なデザインを参照しながら、コルビュジエ先生が完成させた**〝今っぽい〟建築のスタンダード**について学んでいこう！

建築に自由を！　五原則の原型となるドミノ・システム

と、言ったはいいが、実は近代建築の五原則について解説する前にひと

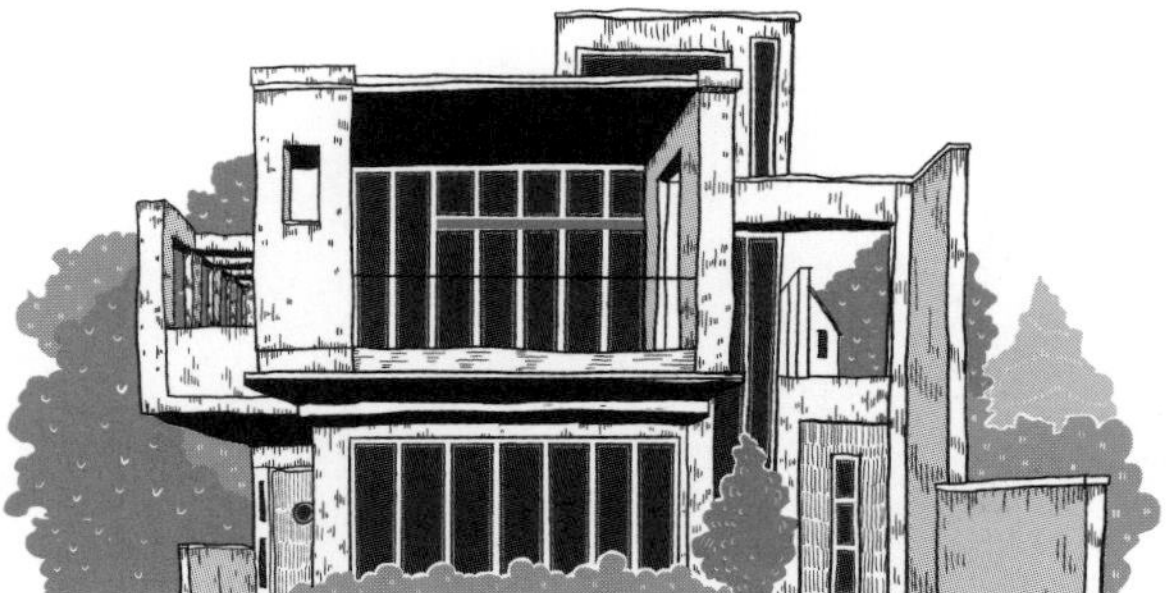

※2 モダニズム建築のお手本のような、鹿目まどか邸。詳しくは次ページを参照。

鹿目まどか邸の外観

前面には開放的な窓が設けられており、日光をふんだんに取り込むことができる。
2階部分を飛び出させることで生まれた半屋外空間。
白を基調としたシンプルな造りは、「モダン」という言葉がぴったりだ。
豊かなグリーンが無機質な外観に温かみを添えている。

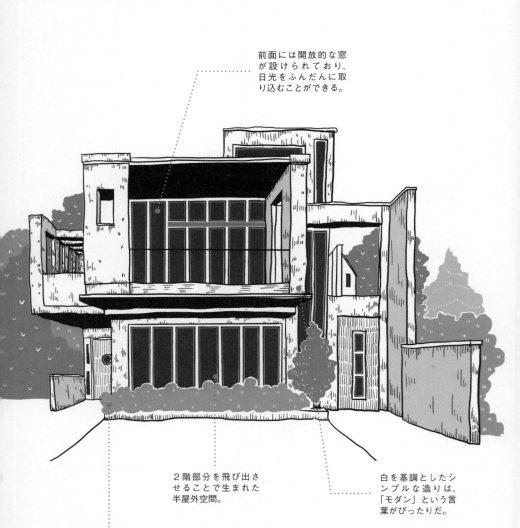

つ触れておかなければならないことがある。

「ドミノ・システム」についてだ。

というのも近代建築の五原則は、このドミノ・システム無しでは成り立たないものなのである。

ドミノ・システムの誕生以前、ヨーロッパにおける一般的な工法は、**石やレンガをレゴブロックのように積んでいく「組積造」**※3というものだった。

これは柱と梁ではなく、壁によって建物を支えるという構造形式だ。

組積造は建物を支えるための強くて分厚い壁があちこちで必要になるため、内部に大きな空間を作ったり、外壁に大きな窓を付けたり出来ないという特徴がある。

その結果、組積造の建物は全体的に重厚感があり、暗くなりがちであった。

そこに革命を起こしたのが、ドミノ・システムだ。

ドミノ・システムが誕生したのは１９１４年。近代建築の五原則が提唱される少し前のことだった。ちなみにこのシステムを考案したのもまた、コルビュジエ本人である。

ドミノ・システムが組積造と決定的に違ったのは、鉄筋コンクリートを用いて床や柱、階段など**「建物の枠組み」をあらかじめ堅牢に作ってしま**

※3　石やレンガを積み上げる組積造（そせきぞう）。ヨーロッパでは優れた石造技術が発達していたことや、火災への対策も考慮して、組積造の文化が広まっていた。

うという点だった。[※4]

要するに**「建物全体は床や柱で支えておくので、壁は取っ払っちゃっても大丈夫ですよ！」**というわけだ。

これにより、建築物は〝全体を支えるための壁〟から解放された。[※5]

たとえば、作中に何度も登場するまどか邸の洗面所を見てみよう。[※6] 圧倒的な広さを誇るこのスペースに、「洗面所にしては広すぎるだろ！」とツッコミを入れた方も多いのではないだろうか。

このような広々とした内部空間はまさに、支える壁を必要としないドミノ・システムがあってこそ可能になっているのである。

今では当たり前のように感じるかもしれないが、ドミノ・システムの登場は当時からすれば**「デザインの可能性広がりまくりじゃん……！」**という大革命だった。

近代建築はここから始まった

さて、ドミノ・システムについて学んだところで、いよいよ五原則の登場だ。デザインの幅が大きく広がった近代建築は、その後どのように定義

※4　柱や床で建物全体を支えてしまうドミノ・システム。鉄筋コンクリートは建築の材料として使われてはいたが、その特性を初めて最大限に利用したと言えるのがコルビュジエである。

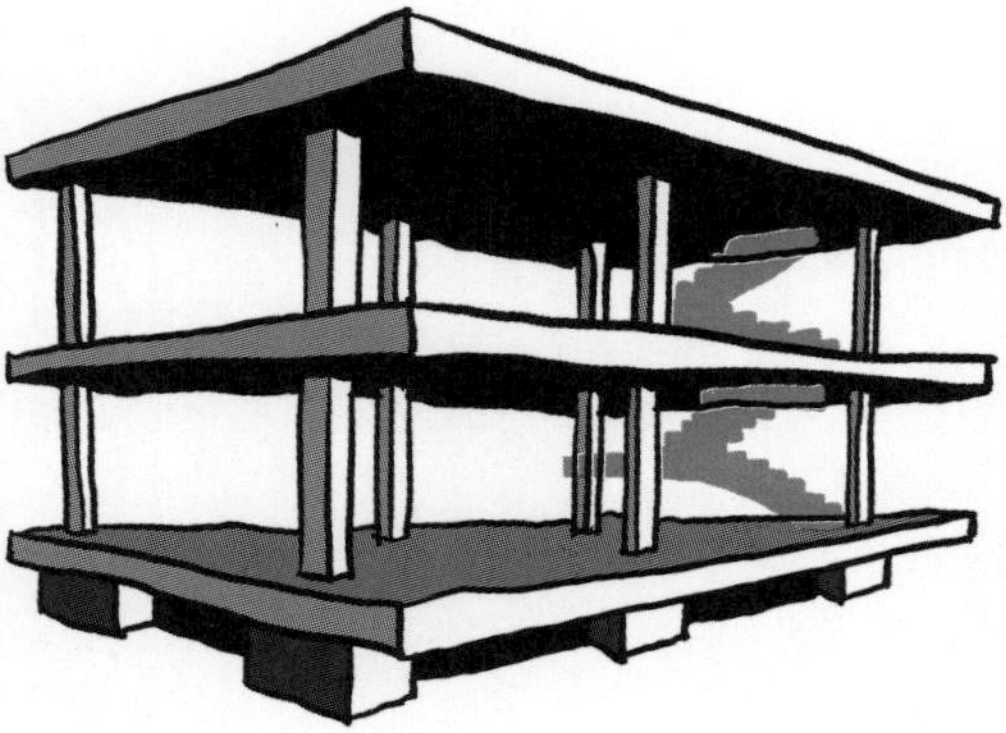

※5　近年「構造体を堅牢に造る」という考え方は、津波避難ビルなどにも用いられている。

づけられていったのだろうか？

冒頭に「まどか邸は近代建築のお手本のような建物」と書いたが、それには明確な理由がある。実はこのまどか邸、**コルビュジエの代表作である「サヴォア邸」**（次ページ図）に非常によく似た構成になっているのだ。

近代建築の五原則は、このサヴォア邸と共に完成したと言っても過言ではない。

コルビュジエが提唱した五原則は、

①自由な平面
②自由な立面
③独立骨組みによる水平連続窓
④ピロティ
⑤屋上庭園

この5つだった。まどか邸・サヴォア邸を参照しながら、ひとつずつ見ていこう。

まずは**「①自由な平面」**、つまり間取りについてだ。

前述した通り、建築はドミノ・システムによってより自由な設計が可能

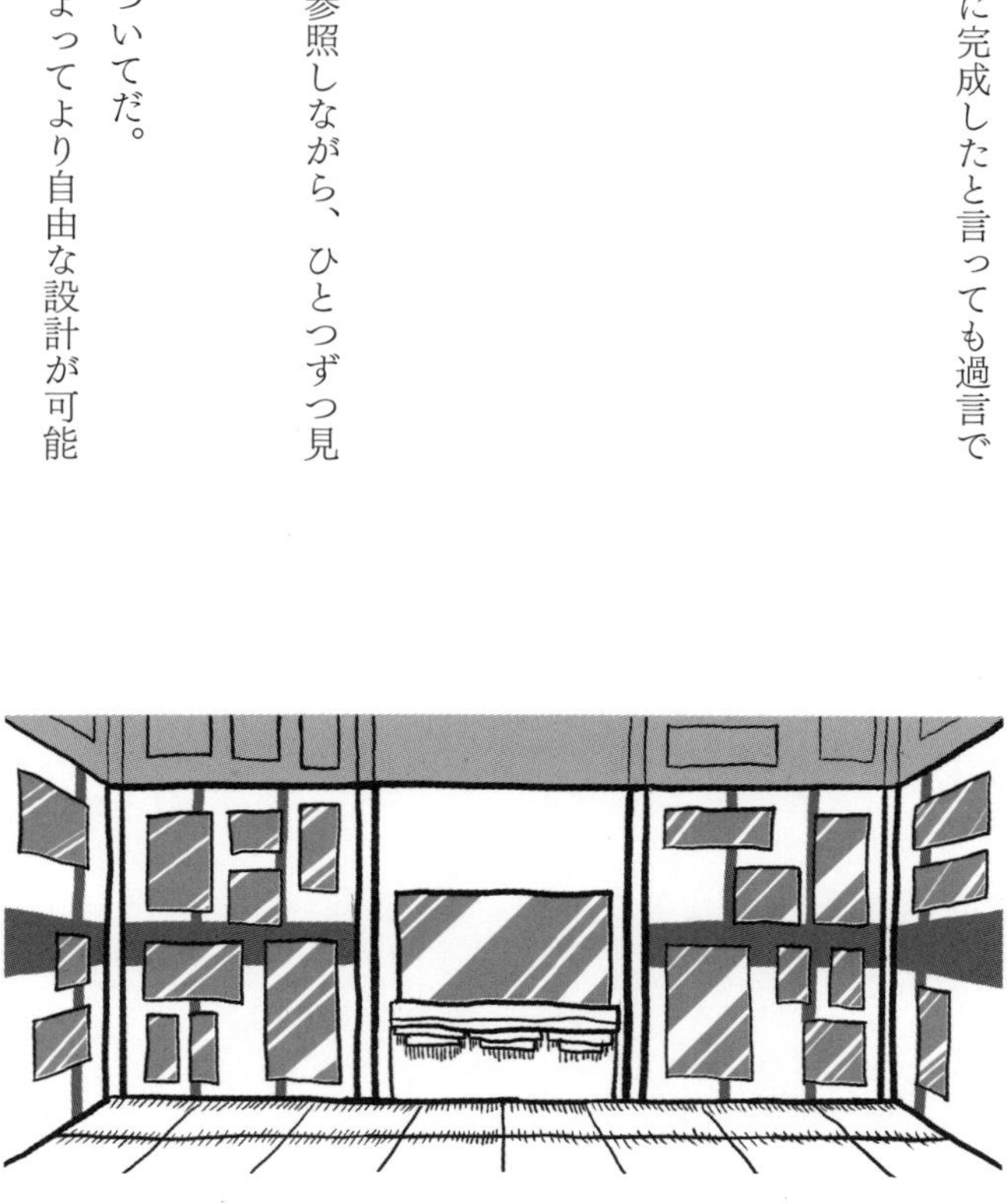

※6 広々とした内部空間を確保している、まどか邸の洗面所。

サヴォア邸外観

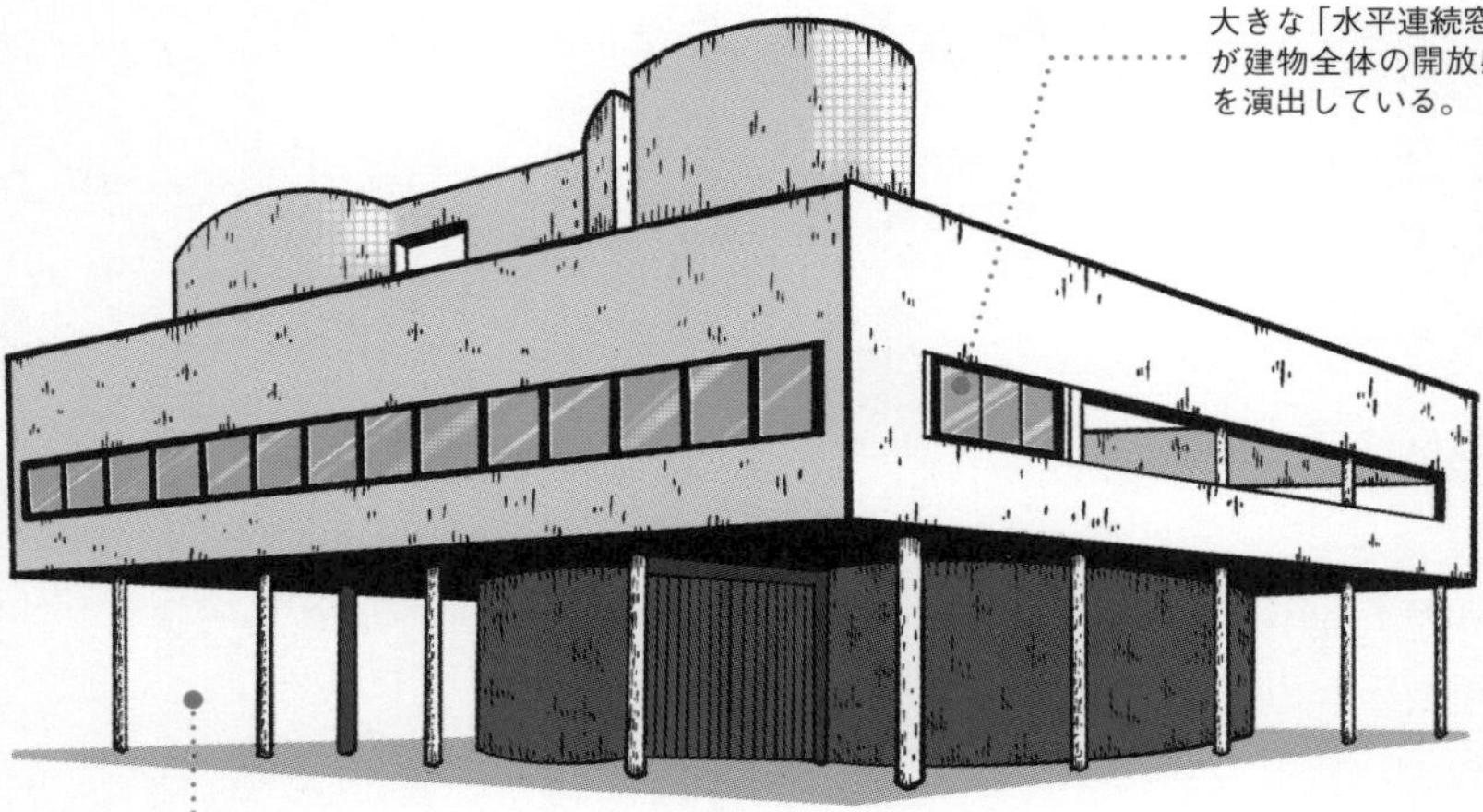

大きな「水平連続窓」が建物全体の開放感を演出している。

まどか邸同様、建物を持ち上げることで広々としたピロティが確保されている。

サヴォア邸平面図

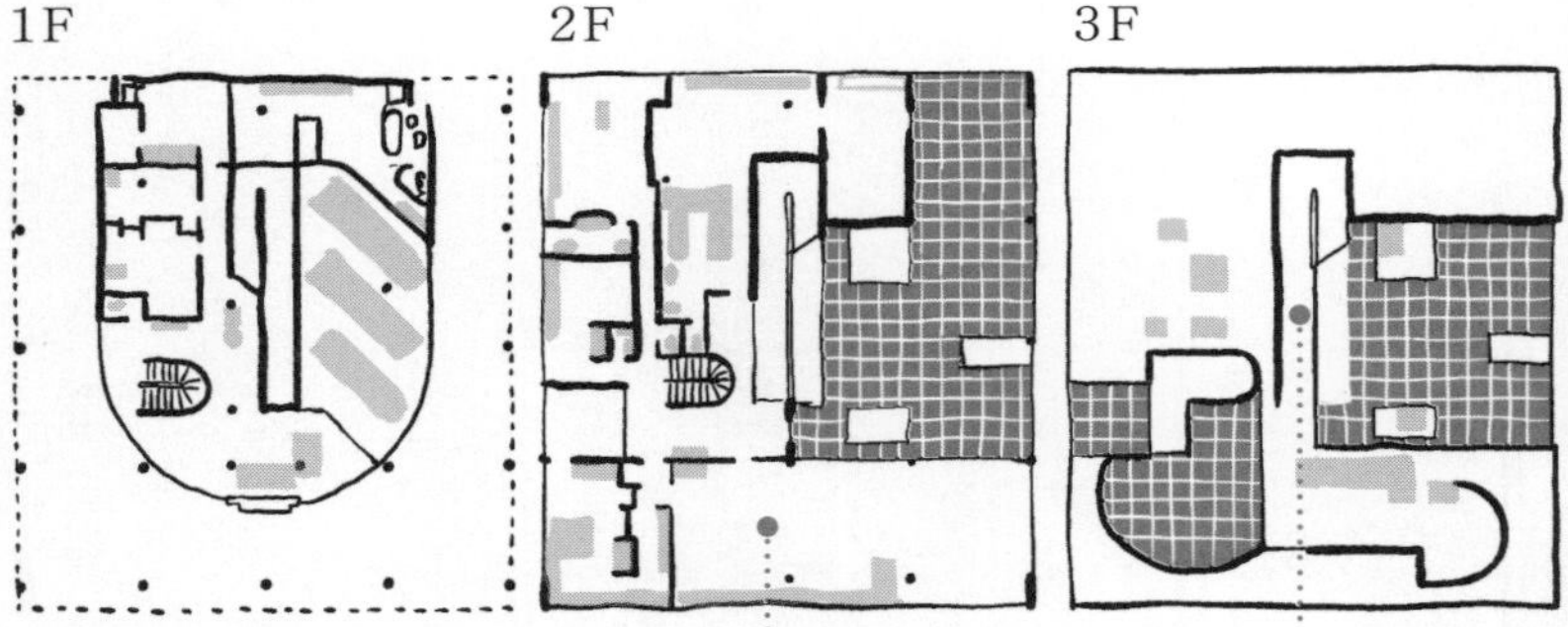

2階には広々としたリビングルームが設けられている。

2階の中庭から続くスロープは、屋上の庭園に接続している。

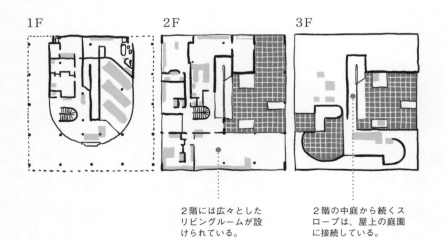

になった。

サヴォア邸の間取りを見てみると、2階に広々としたリビングが確保されていたり、中庭から屋上へ続くスロープが配置されていたりと、各所に計画の自由度が見て取れる。

「自由な平面」という言葉の通り、利用者の要望や設計者の意図に沿ってデザインされた見事な空間である。


加えて〝支えるための壁〟から自由になったのは、内部空間だけではない。**外壁に強度が求められなくなったことで、外観を特徴的にしたり、大きな窓を付けたりすることが可能になった**のだ。

これが、**「② 自由な立面」**と**「③ 独立骨組みによる水平連続窓」**にあたる要素である。

建築物を褒める際によく「開放感がある」という言葉を聞くが、この〝開放感〟には水平連続窓が一役買っていることが多い。
まどか邸のバルコニーを見てみよう。[※7]
一見してわかる通りダイナミックな全面開口になっていて、奥には大きな窓ガラスが存在感を放っている。この大きな窓によって、内部にはたくさんの光を取り込むことができると同時に、外観からも自由で風通しのいい生活をイメージすることができる。

※7　大きなスペースが取られたまどか邸のバルコニー。

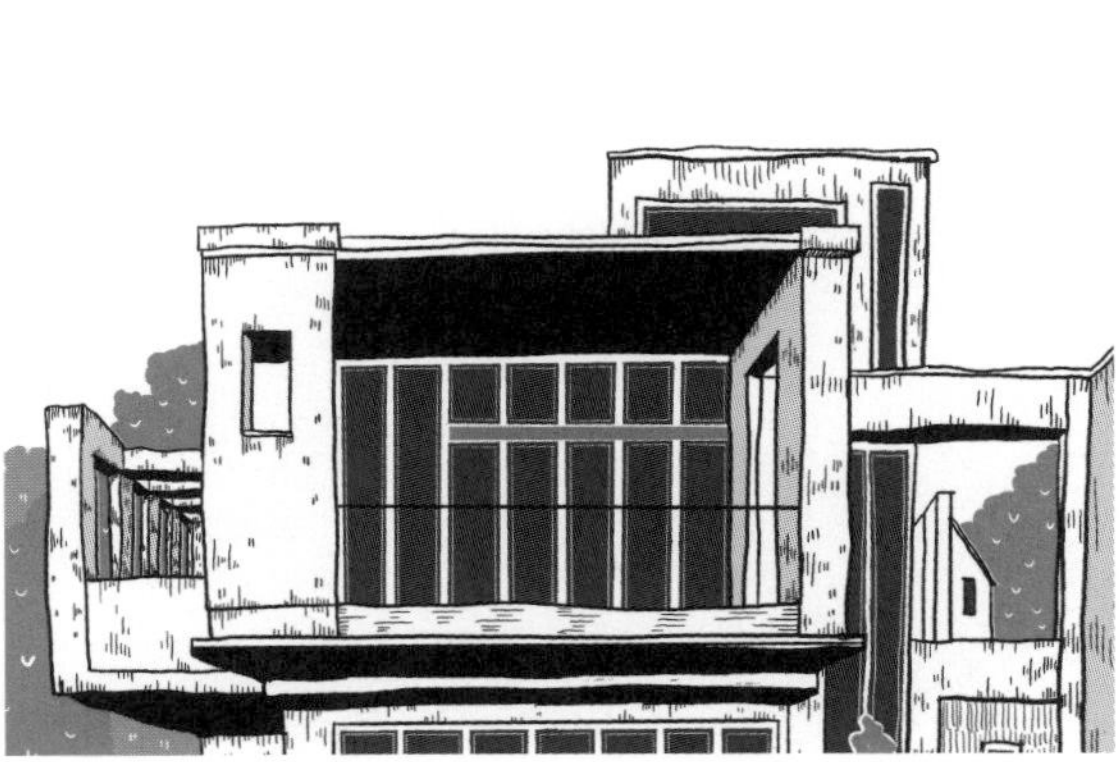

このように、持ち主に快適に暮らしてもらうための設計はもちろん、外から見た人に「ここに住んでる人、羨ましいな」と思ってもらうのも、建築家にとっては大事な腕の見せ所だ。

そういった意味でもまどか邸は優れた建築であるし、もちろんサヴォア邸も例外ではない。どちらも私にとって、超あこがれの住宅だ。

地上と屋上に新しい空間を

残りは**「④ピロティ」**と**「⑤屋上庭園」**だ。

この2つの原則によって、建築における新たな屋外空間のあり方が模索されるようになった。

まずは「ピロティ」。

ピロティとは、柱を使って建物を持ち上げることで生まれる、屋外空間のことを指す。屋外と屋内の中間とも言える領域で、日本建築で言えば縁側がイメージ的には近いだろう。

サヴォア邸はこのピロティを用いることにより、2階の居住スペースや屋上部分に**独特の浮遊感**を生み出すことに成功している。[※8] 西洋のお城のよ

※8　サヴォア邸のピロティには実用的なメリットもある。コルビュジエは、当時一般化し始めた自動車が各家庭で使用されていくことを想定して、車の動線としてカーブを描く外形を持ったエントランスとガレージを設け、社会の潮流もデザインに反映したのだ。

うな重厚感溢れる組積造と比較すると、その軽やかさは一目瞭然だ。

一方まどか邸は、2階部分から建物を飛び出させることで、下部に屋外空間を作りだしている。これは柱で支えている訳ではないため、正確にはピロティではなく「キャンチレバー（片持ち梁）」と言われるものだが、建物全体に浮遊感を持たせるという効果は同じである。

最後は、「屋上庭園」。

コルビュジエは平べったい屋根（陸屋根）を用いることで、屋上にプライベートな庭園、自由な空間を作ることを考えた。

サヴォア邸の2階には中庭が設けられており、そこからスロープで屋上庭園へとアクセスすることができるようになっている。※9 周囲の目に晒されがちな庭園を屋上まで持ち上げ、さらに中庭と直通させることで、**開放感の演出とプライバシーの保護を両立させている**のだ。

まどか邸に関しては、残念ながら屋上についての具体的な描写は作中に登場しない。しかしよく見ると屋上の高さまで建ち上がる3階部分が確認できるため、ここから屋上に出られる設計になっているのではないかと考えることができる。

「まどマギ」で屋上といえばまず見滝原中学校が思い浮かぶが、私として

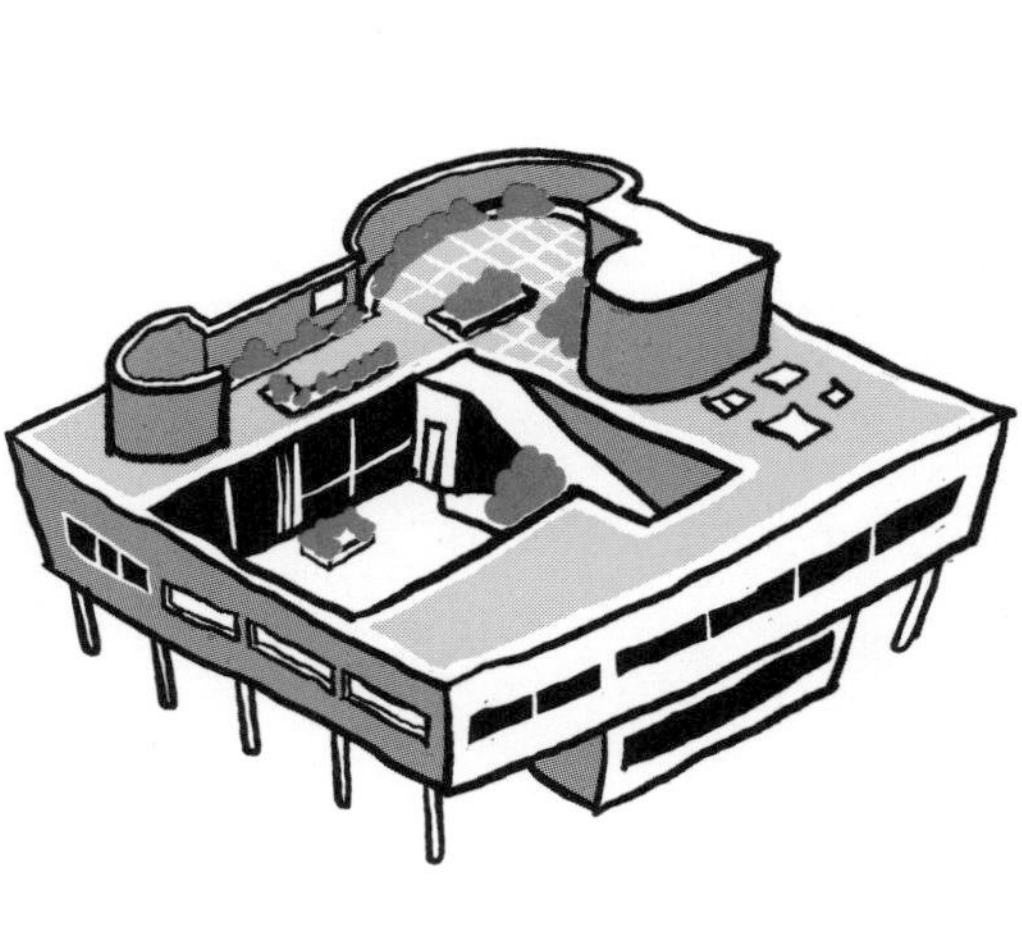

※9 2階の中庭からスロープで繋がっている、サヴォア邸の屋上庭園。

はこちらの屋上もぜひ見てみたかった……。

さて、私たちが建築物に感じる「モダンさ」は、すべてコルビュジエの「近代建築の五原則」で説明できてしまうことがお分かりいただけただろうか。それほどまでに**この提言の影響力は多大であり、現代建築の礎として定番であり続けている**のだ。

また同時に、それを打開すべく新しい建築の提案に奔走した建築家は数えきれない。

たとえば**伊東豊雄氏**[※10]**による「せんだいメディアテーク」**[※11]は、見るからに挑戦的な造形をしている。不規則に配置された透明なチューブは柱の代わりとなっているだけでなく、細い鉄骨の構造体やエレベーターなどの動線が組み込まれているのも面白いポイントだ。

「柱」の機能や在り方を問い直そうとするこの試みは、もはや常識となったドミノ・システムからの脱却を強く志向したものであった。

今後、ドミノ・システムのような強い影響力を持った新たなアイデアは誕生するのだろうか？　技術の発展と設計者によるチャレンジが目覚ましい現代において、案外その時は遠くないのかもしれない。

※10　伊東豊雄（1941－）は、2006年に王立英国建築家協会によるＲＩＢＡゴールドメダルを受賞、2013年には建築界のノーベル賞とも言われるプリツカー賞を受賞した世界的な建築家。現在活躍する多くの建築家が伊東事務所出身であることから、教育者としても評価が高い。

※11　せんだいメディアテーク

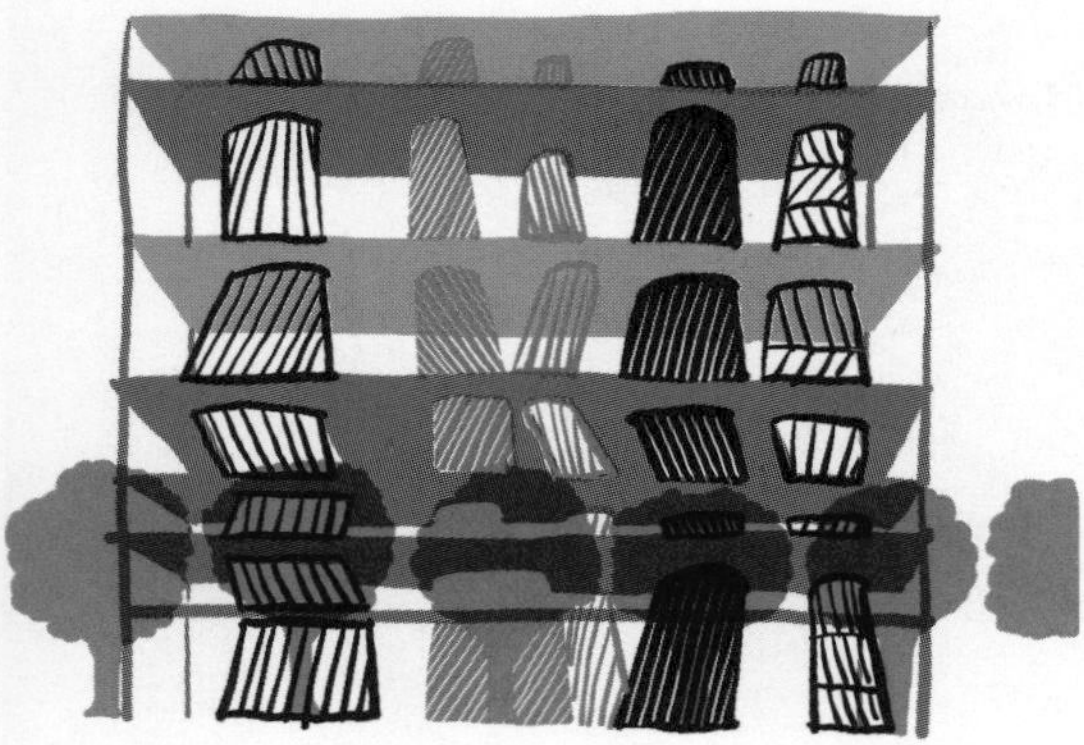

COLUMN_01

まどか邸の元ネタは他にも存在した？

シュレーダー邸

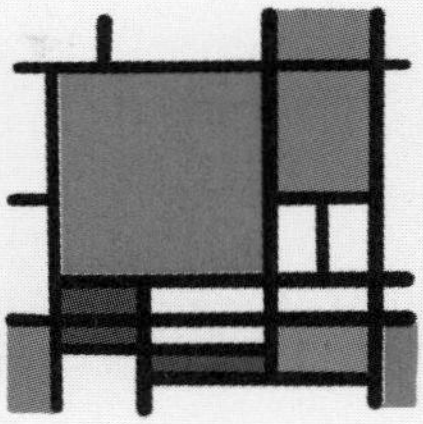

モンドリアンのコンポジション

実はサヴォア邸以外にも、まどか邸によく似た有名建築が存在する。コルビュジエと同年代のオランダ人建築家、ヘリット・リートフェルトが設計したシュレーダー邸（１９２４年）である。

リートフェルトは絵画や建築に用いられる「デ・スティル」という主義を展開したグループに属していたことで知られる建築家だ。デ・スティルとはオランダ語で「様式」という意味で、芸術の分野ではピエト・モンドリアンが製作したコンポジションシリーズが有名だろう。

「単純で癖のない形態」や「自由なラインと原色」を用いることが特徴とされており、三原色や水平垂直の要素で構成されるシュレーダー邸の外観にも、まさしくデ・スティル的な要素が詰め込まれていることがわかる。

これを踏まえてまどか邸を見てみると、箱のような形や色の使い方など、シュレーダー邸がモチーフにされたような雰囲気が感じられないだろうか？

まどマギの製作会社は、個性的な映像制作で知られる株式会社シャフト。灰色系の無彩色をベースにビビッドな三原色を入れるなど、シャフトの作品はまるで現代アートかのような色使いが特徴的だ。建築や芸術が好きな人であれば、自ずと「デ・スティル」や「シュレーダー邸」が思い浮かぶだろう。

まどマギはアニメ史だけでなく、歴史的な芸術・建築的な情報も参照して作り上げられた傑作なのかもしれない！

すどか邸

No.002

任天堂 スーパーマリオシリーズ

屋根って自由だ！
クッパ城に溢れる遊び心を見る

任天堂から発売されている人気アクションゲームシリーズ。第一作である『スーパーマリオブラザーズ』は、1985 年に発売。日本のみならず世界中で人気を獲得し、今なお広い世代に愛され続けている。

頭に「記号」を乗っける

全世界で3億4千万本以上の売り上げを誇る、スーパーマリオシリーズ。もはや説明不要、誰しもが一度はプレイしたことがあるほどの大名作だが、ここで取り上げたいのはマリオの宿敵・クッパ大王が構える**「クッパ城」**だ。

おそらく「世界で最も攻略されたお城」であるクッパ城。私自身ピーチ姫を助けに何度も足を運んだ記憶があるが、建築家として好奇心がくすぐられるのは、そのコミカルな外観だ。

クッパ城は外観から予測するに、昔ながらの組積造（19ページ）で作られたお城である。

そしてそんな堅牢な造りとはミスマッチで面白いのが、飾りの部分だ。エントランスの上にはクッパの顔を模した彫刻があり、城のところどころには、黄色いトゲがついている。侵入者を威嚇するための実用的なトゲというよりは、シンボルとしてのトゲという雰囲気である。また中央のドーム屋根にも黄色いトゲがついており、こちらはクッパの背中の甲羅そっくりにデザインされている。

クッパ城

クッパの背中にある甲羅を模した意匠は、侵入者を拒む威圧感たっぷりだ。

中央には、城主であるクッパ大王の顔をかたどったデザインが施されている。

城本体は、西洋のお城によく見られる組積造を用いたベーシックな造りだ。

つまりクッパ城とは、西洋風の伝統的な、言ってしまえば**何の変哲もないお城の上にちょこんとクッパの象徴が乗っかっている**という、ちょっぴりヘンテコなお城なのだ。※1

屋根をはじめとするクッパ城のコミカルな意匠は、機能性や合理性とはかけ離れた「ただの飾り」とも取れるが、一方ではプレイヤーが一目で「これはクッパの城だな」と分かるような工夫と捉えることもできる。

考えてみればクッパ城に限らず、アニメやゲーム、マンガに登場する建物の屋根が、キャラクターを模した造形になっているパターンは少なくない。「アンパンマン」に登場するバイキン城なんかも、そのひとつだ。

屋根にあるのは言わば記号であって、**その建築物が誰の物であるかを端的に説明するという役割を果たしている。**

このように「頭(屋根)に記号を載っける」という発想は、実はフィクションだけでなく現実の建築物にも使われている。屋根というのは基本的に一番目立つ部分でもあるから、印象的な飾りをほどこすのにもってこいな場所なのである。

大胆に変形させるもよし、豪華な飾りを載っけるもよし。ここでは**建築家にとっての〝見せ場〟でもある、楽しい屋根の世界**について見ていこう!

※1 街中で鳥避けのトゲトゲがついている柵を見かけることがあるが、あれはシンボルではないのでクッパ城のトゲとは別物だ。そういう意味では、クッパは鳥に優しいのかもしれない。

日本が生んだリアルクッパ城

実はこの日本にも、「リアルクッパ城」と呼べるような一風変わった建築物が存在している。20世紀前半に生まれた**「帝冠様式《ていかんようしき》」**と呼ばれる様式を持った建物たちだ。

帝冠様式の建築として代表的だと言われているのが、東京都・上野にある**「東京国立博物館」**(次ページ図)だ。パッと見は近代的な鉄筋コンクリート造の建物だが、その上には、伝統的な和風瓦葺の屋根が用いられている。

この瓦屋根はクッパ城で言うところの、トゲトゲの甲羅にあたる部分である。

「これぞ日本っぽさだ!」という象徴として、伝統的な瓦屋根が乗っかっているわけだ。

丁寧にまとめ上げられた全体の印象からは気づきにくいが、ひとたび「屋根とそれ以外が別のルールで作られている」ことに目を向けると、また違った角度から面白みを感じられる、非常に味わい深い建築である。

東京国立博物館は意匠的な完成度も高く、また当時の最新の技術が用いられているという評価を受け、「旧東京帝室博物館本館」という名称で重

東京国立博物館

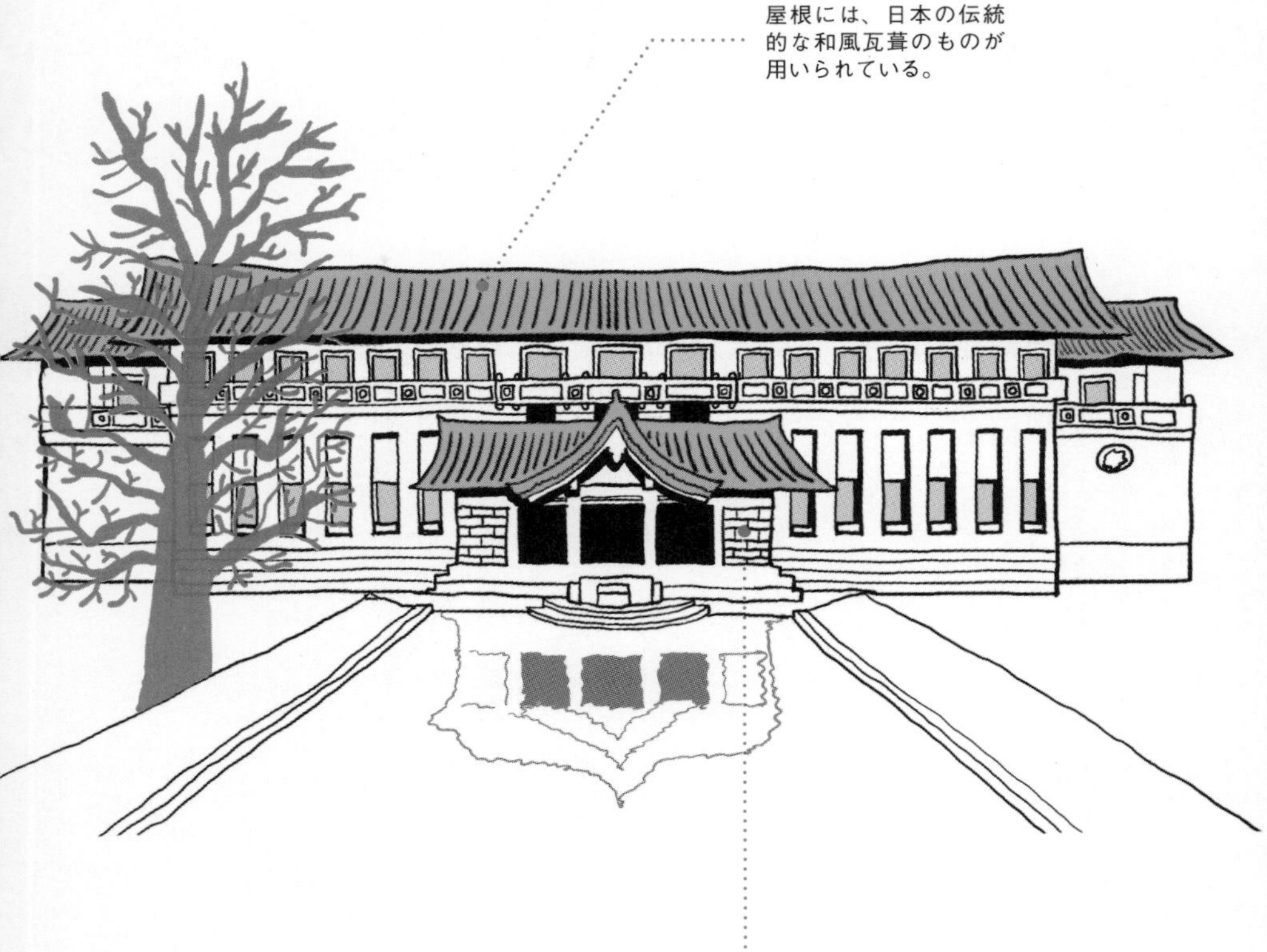
屋根には、日本の伝統的な和風瓦葺のものが用いられている。
土台となっているのは、西洋風の鉄筋コンクリート造の建物だ。

要文化財に指定されている。

今後も永きにわたって愛されていく建築のひとつだと言えるだろう。

この博物館を設計したのは渡辺仁という建築家で、1931年に行われた公募のなかから選ばれた作品だ。

当時、日本の建築界には**「モダンでかっこいい西洋建築を取り入れつつ、同時に〝日本らしさ〟もある建築を作りたい」**という流れがあった。その流れを上手く汲み取り、渡辺が考案したのが「帝冠様式」だったのだ。

渡辺の案は広く受け入れられ、東京国立博物館をきっかけに、その他の建築デザインの募集要項にも「日本趣味」という言葉が盛り込まれていくことになった。

しかし、その流れも長くは続かなかった。

その後に行われた東京帝室博物館の公募において、モダニズムを推し進める新進気鋭の建築家たちが、「日本趣味」の記載に反発したのだ。彼らの主張は、「木材に適した造形が日本建築の伝統であるように、**鉄筋コンクリートに適した次世代の造形を生み出すことこそが、新たな日本の伝統になっていくのではないか**」というものだった。

彼らは落選を承知でモダニズムの案を公募に提出し、結果的にこれがその後の日本におけるモダニズムの主流となっていった。

ちなみに当時、**モダニズム側の代表格であった建築家・前川國男**が提出した案は、コルビュジエのサヴォア邸を彷彿とさせるような端正な四角いボックスに一部ピロティがついた案だった。[※2]

その後1937年に日中戦争が始まると、鉄材が不足し、装飾的な建築を建てられる情勢ではなくなったことや、戦後には民主主義が推し進められる中で、「日本趣味はファシズムに加担したものだ」として非難されたことから、帝冠様式は完全に勢いを失っていった。

屋根で魅了する建築たち

クッパ城にしても帝冠様式にしても、建物において屋根というのは、その特徴が色濃く出やすい部分だということが分かってきた。冒頭に書いた通り、屋根は建築家にとって最も自由な〝見せ場〟のうちのひとつなのである。

では、それはなぜだろうか？

建物をデザインしていくときには、

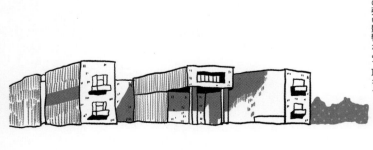

※2　前川案。近代建築の祖・コルビュジエの事務所で日本人として初めて働いた前川國男が、フランスから日本に帰国後に描いた案であり、コルビュジエの強い影響がみて取れる。

・高さはここまでしか造れない
・ここに柱がないと成立しない
・もっとコストを抑えたい

といった制約が常に付きまとう。

さらにスペースを有効利用するために壁はまっすぐなほうが都合がよかったり、なるべく階数を増やす必要があったりと、**合理的な判断をいくつもしていかなくてはいけないのだ。**※3

しかしそんな中、他よりも縛られる可能性が少ない場所がある。それが屋根だ。

屋根は空間を成立させる最上部の要素であるので、比較的造形の自由度が高い。屋根がどんなに変わった形をしていようと、その下に最低限の広ささえあれば、人々は自由に活動を行うことができるのだ。

せっかくなのでここからは、独創的な屋根を持ったカッコ良すぎる建築事例をいくつか紹介させていただきたい。

ひとつ目は、山形県にある**「荘銀タクト鶴岡」**※4だ。

日本を代表する建築家ユニット「ＳＡＮＡＡ」の一人、妹島和世《せじまかずよ》氏が設計したこの建物は、客席数１１２０席の大ホールを持つ文化会館である。

庄内平野にある鶴岡市は、美しい山々に囲まれた地域だ。荘銀タクト鶴

※3 建築デザインは、常にコストとの闘いだ。コストを抑えつつ見栄えをよくするテクニックは、建築家にとって必須スキルだと言っていいだろう。また一方で、建築基準法に基づく「法規」に気を配る必要もある。たとえば木材は燃えやすいため、不燃処理を施していないと法規に引っかかってしまうケースも多い。そういった場合に、「じゃあここは（安いけど）温かみの演出できる木目のシートで代用しよう」という工夫をしたりするわけだ。ちなみに、法規の審査を通すための協議を行うのも、基本的には建築家の仕事。建築デザイン＝華やかな仕事だと思われるかもしれないが、その裏ではこういった地味な作業の積み重ねをしているのだ。

岡は、周囲の山の稜線に溶け込むよう、独特なカーブを描く美しい屋根で構成されている。この屋根は、地元の職人が板金を手作業で貼ることで実現したという。

また屋根の高低差は風景に合わせているだけでなく、天井が高いところはホールになっていたりと、内部の実用的な機能ともきちんと対応しているのもポイントだ。

こういった配置の計算は、試行錯誤を続けながら少しずつ最適解を見つけていく作業なので、実はすごく手間暇がかかる。

クッパ城が周りから際立たせることに特化した建築であるなら、荘銀タクト鶴岡は**風景と上手く調和するように丁寧に設計された建築**、といったところだろう。

次に紹介するのは、**「キンベル美術館」**。

アメリカ合衆国テキサス州フォートワースにあり、建築家ルイス・カーンが設計した美術館だ。

こちらは打って変わって、かまぼこ型のコンクリート屋根である。一見するとそれほど突飛な印象はなく、かまぼこが反復しただけのようにも思えるが、その効果が発揮されるのは内部空間だ。

かまぼこの頂点の部分にはスリットが設けられており、その隙間を通じて内部へと光が入ってくる。そしてその光は、スリット下につけられた反

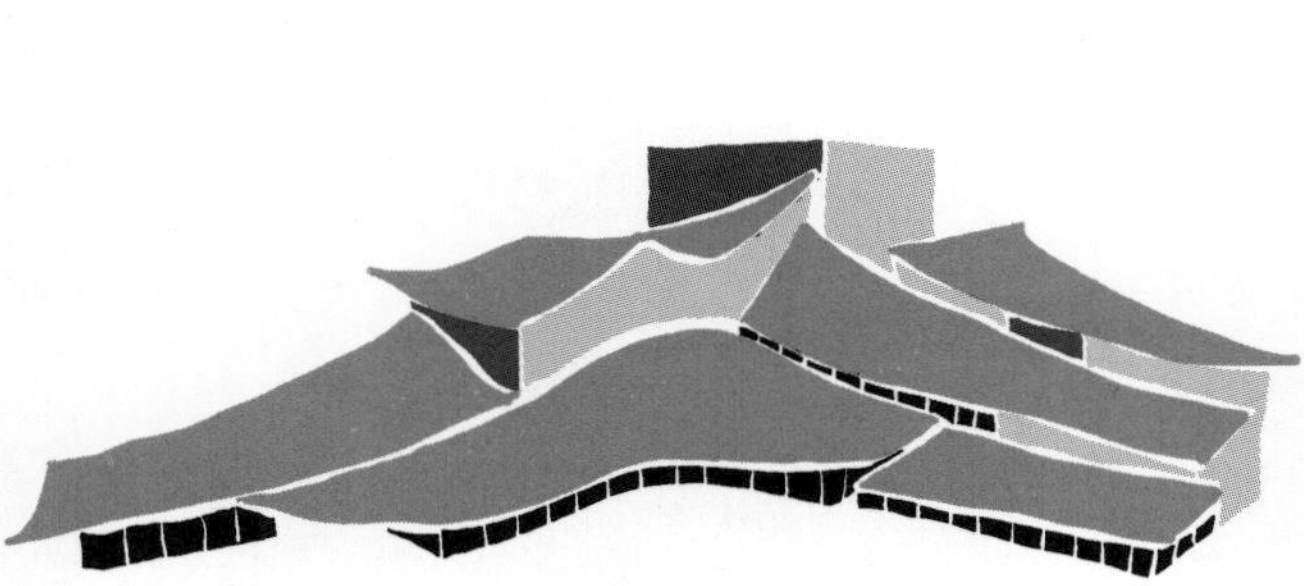

※4 荘銀タクト鶴岡

キンベル美術館外観

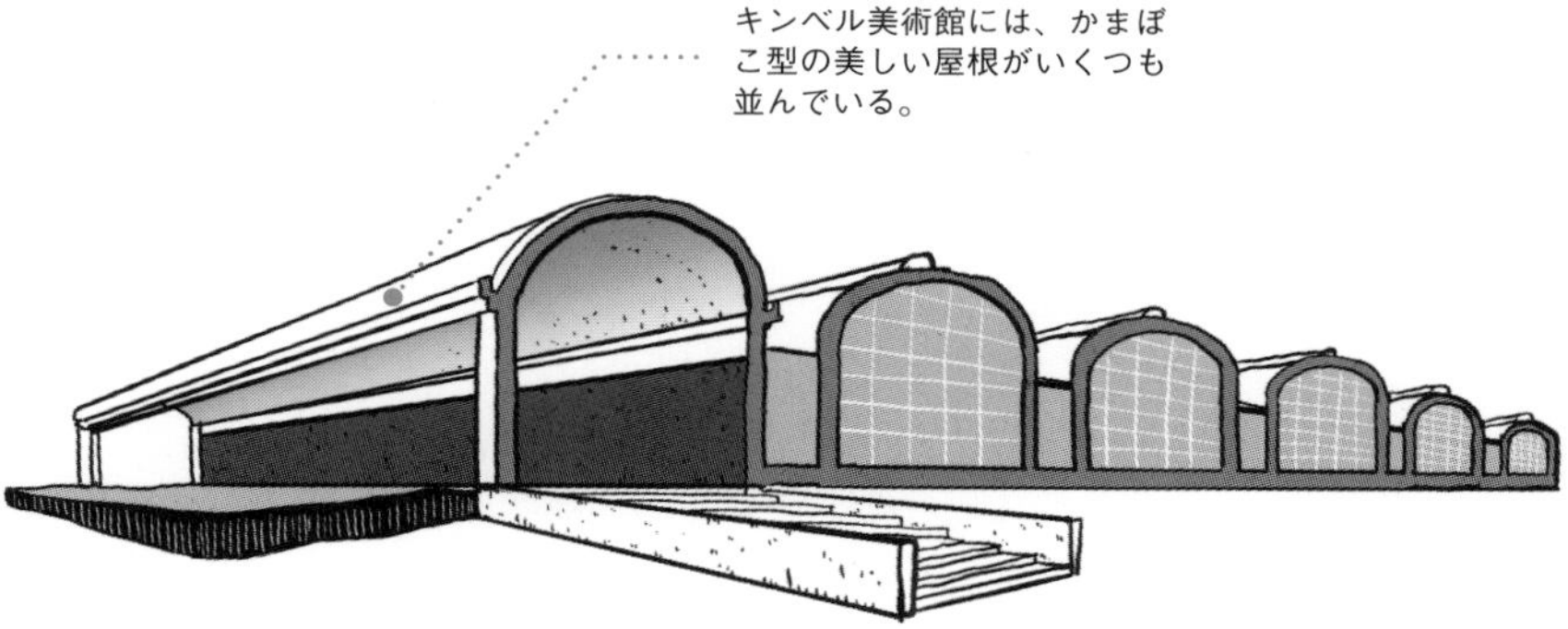
キンベル美術館には、かまぼこ型の美しい屋根がいくつも並んでいる。

キンベル美術館内観

かまぼこ屋根に設けられたスリットからは、柔らかな自然光を採り込むことができる。

射板によってさらに天井面にぶつかり、内部空間へと拡散していく。

美術館という空間において、照明や採光といった明かりと、展示物の関係性は切っても切れないものだ。キンベル美術館はその**特徴的なスリットによって自然光を取り込み、展示物を柔らかく照らし出す工夫を凝らしている**のである。

このように、特徴のある屋根と言ってもその目的は様々だ。クッパ城のようにシンボルとしての役割を持たせることもできれば、荘銀タクトのように風景と調和させたり、キンベル美術館のように、内部空間に光を取り入れる役割を担うこともある。

言い方を変えれば、**その建築家の意図や、もっと言えば性格が最も出やすい箇所**だと捉えることもできるだろう。

街中で気になる屋根を見つけたら、ぜひそのデザインに至るまでの過程を想像していただきたい。建築家と直接対話をしているような、新鮮な角度からの鑑賞が楽しめるはずだ。

COLUMN_02

「日本らしい建築」とは何か？

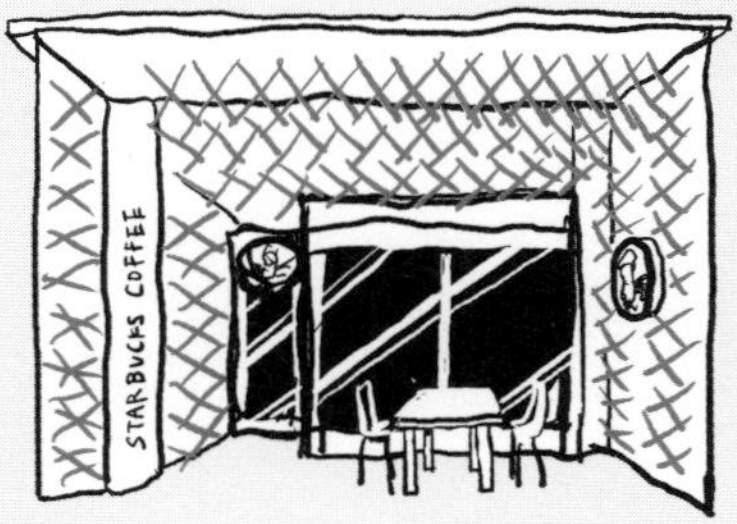

スターバックスコーヒー 太宰府天満宮表参道店

「建築における日本らしさとは何か？」という問題は、現在も議論され続けているトピックだ。

そんな現代の建築界において、次々に〝日本らしい〟建築を生み出している有名な建築家がいる。木材を用いて「和」を表現する建築家、隈研吾氏だ。

東京の浅草文化観光センターや福岡の太宰府天満宮近くにあるスターバックス、根津美術館など、テレビやネットはもちろん、実物を見たことがある人も多いのではないだろうか？

建築界隈では親しみを込めて「隈さん」と呼ばれていることも多い彼だが、「隈研吾といえば木材」というイメージは世界中で広く共有され、現代の日本を代表する建築家の一人と言えるだろう。

一方で「木材を使っている＝日本っぽさ、としてしまうのは安易ではないか」という批判がないわけではない。

もちろん隈氏が木材以外にも様々な素材を使った素晴らしい建築を数多く生み出している建築家だということは言うまでもないが、正解のないこの問いについては、これからも建築に携わるものとしては考えていかなければならない。

クッパ城はゲームの進化とともに変化を遂げているが、日本的なものを表す建築も、時代によって変化を続けている。この先「日本的な建築」はどのように進化を遂げていくのか、私自身も楽しみだ。

クッパ城

No.003

HUNTER × HUNTER

そもそもどうやって建てるの？ 独自の歴史と美しさを持つタワー建築

『週刊少年ジャンプ』にて1998年より連載を開始したマンガ作品。作者は冨樫義博。緻密なシナリオや派手なアクションが人気を呼び、世界中で熱狂的なファンを獲得している。地上波ではアニメシリーズも放送。

最先端が詰まったタワー建築

世界の経済大国の主要都市において、1920年代頃から大きな変化が起きてきた。

「ウチの国はこんなに進歩してまっせ！」

と周りにアピールするために、**その都市を象徴するような力強い高層建築物＝スカイスクレイパー**が競うように建てられていったのだ。

スカイスクレイパーは摩天楼や超高層建築物とも呼ばれ、その定義は引用元によりバラつきがある。**建築基準法**[※1]では基本的に60メートル以上の建物をスカイスクレイパーとしているが、近年ではより高層化が進んでいることもあり、一般的には100メートル以上の高さを持つ建築物＝スカイスクレイパーと捉えて貰うのが分かりやすいだろう。

技術の発展に伴い、建築物の高さの記録は次々と塗り替えられているが、なにも注目すべきは高さの数字比べだけではない。

たとえば耐震や耐風といった観点から計算されつくした構造体は、**他の建造物には見られない独自の美しさ**を持っている。さらにスカイスクレイパーは国や地域を象徴する「ランドマーク」としての役割も担っているた

※1　建築基準法は1年または数年ごとに何度も変わっていくので、我々は常に最新の法規を把握しておく必要がある。「ついこの間まではOKだったはずなのに……」なんてことは日常茶飯事だ。

め、その**デザインにおいても独特の進化を遂げてきた**非常に興味深い分野でもある。

つまりスカイスクレイパーとは、高度な技術と最先端のデザインが一挙に用いられる、**建築家にとってもその国にとっても一世一代の大建築**なのだ。

本項ではマンガ界でも随一の高さを誇るタワー建築、**ハンターハンターの「天空闘技場」**を参照しながら、奥深い高層建築の世界を学んでいこう。いびつに聳え立つこのタワーから見えてくるのは、数々の制限を乗り越えた高層建築の戦いの歴史だ！

風を制するものは天を制する！

天空闘技場は地上991メートルの高さを誇り、もし実在していれば世界で一番の超高層建築物となる。作中ではそれでも世界4位の高さというのだから、驚きだ。

一方、現実世界で一番の高さを誇る建築物といえば、**「ブルジュ・ハリファ」**である。[※2] 2010年にアラブ首長国連邦のドバイに落成《らくせい》したホテル、マンション、オフィスを備える超高層建築であり、その高さは828メー

※2 ブルジュ・ハリファ以前は、508メートルもの高さを誇る「台北101」(2004年)が世界一の高さを誇る建築物であった。

ブルジュ・ハリファ

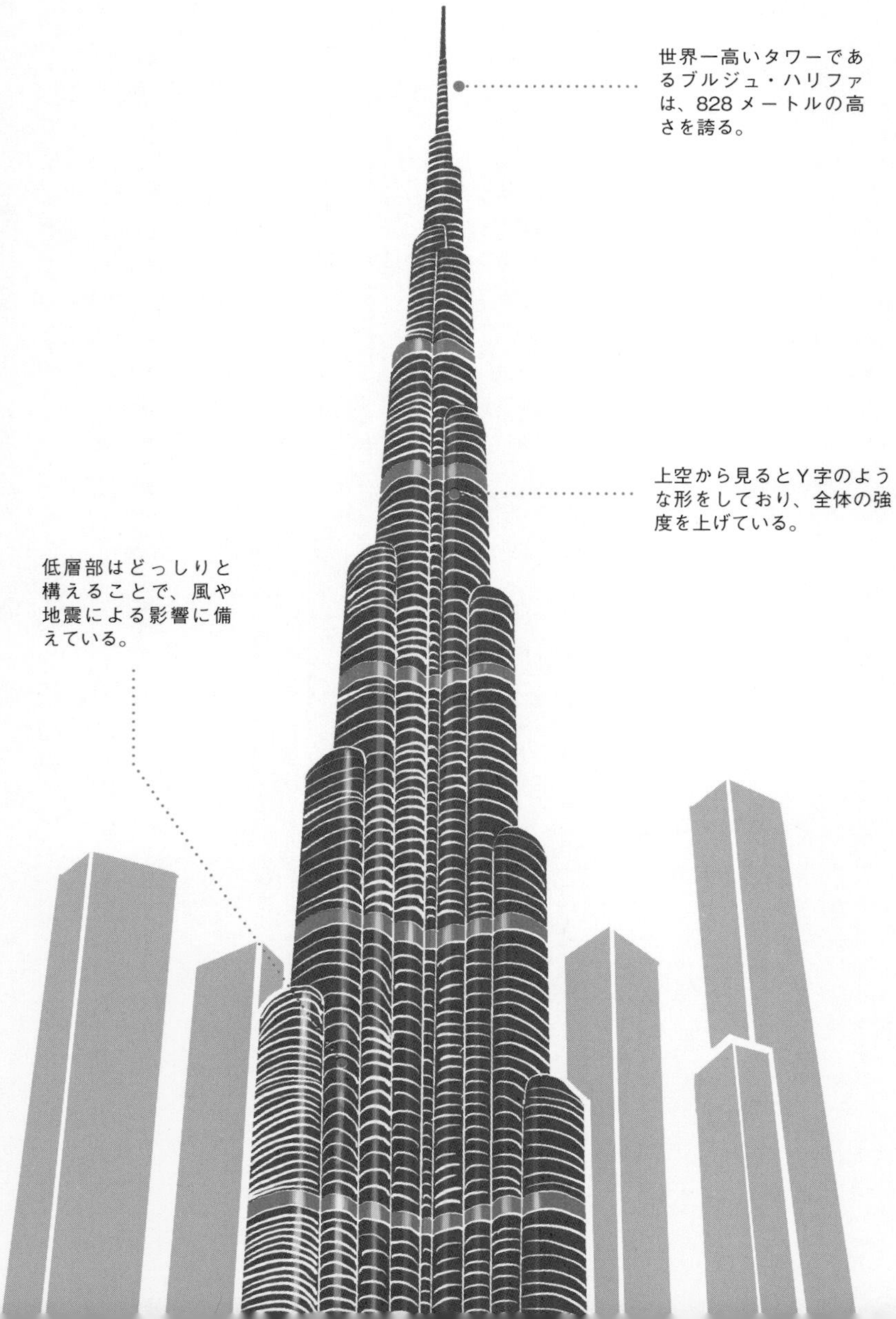
世界一高いタワーであるブルジュ・ハリファは、828 メートルの高さを誇る。
上空から見るとＹ字のような形をしており、全体の強度を上げている。
低層部はどっしりと構えることで、風や地震による影響に備えている。

トルにものぼる。

設計はアメリカの設計事務所ＳＯＭ（スキッドモア・オーウィングス・アンド・メリル）で、数々の高層建築物の設計実績を持つ大きな設計組織だ。

天空闘技場にしてもブルジュ・ハリファにしても、

「そもそも、このような高層建築がなぜ立っていられるの？」

と疑問に思う方は多いのではないだろうか。その答えは、

「風を制しているから」

である！

超高層建築物を実現させる上で絶対に無視できないのが、風対策だ。上空は我々の想像以上に風が強く、スカイスクレイパーは**１５０ｋｍ／ｈを超える強風にも耐えることが必要**とされる。[※3] そのため骨組みの強度はもちろん、外壁やガラスも全て強風に対応するように設計しなければいけないのである。

またタワーの形状自体にも、工夫が必要だ。

風は建物に当たると上下左右に分かれ、吹き降ろしや吹き上げ、渦状の複雑な風などを発生させる。その影響を最小限に抑えるため、建物の角を丸めたり、低層部をどっしりと構えたりする必要があるのだ。

これを踏まえてブルジュ・ハリファを見てみると、平面的にはＹ字のよ

※3　１５０ｋｍ／ｈといえば、木や電柱などが倒れてしまうレベルの非常に強い風である。

うな形状とすることで中心部を強固に支えつつ、風の影響によるねじれも防ぐような構造になっていることがわかる。※4

また、低層部は大きく構え、上部にいくにつれて螺旋状の形をつくりながら細くなっている形状も印象的だ。**風による影響を、デザインに落し込みながら巧く解決している**という、超高度な設計である。

一方、天空闘技場はというと、上部にいくほど細くなる尖塔系の形状で、その足元はブルジュ・ハリファ同様、末広がりとなっているため、強風への対応がしっかりと考えられているのが分かる。

気になるのは、闘技場らしき外に張り出した部分が、自由気ままにポコポコと出ていることだ。これでは風による影響をかなり受けてしまうことになるが、緻密な計算の上、上手くバランスを取っているのだろう。

正直、もしこれを実現できる人がいるなら、念能力者なみにすごい才能の持ち主である。

「早い・オシャレ・安全」のカーテンウォール

ブルジュ・ハリファなどの一般的な高層ビルと天空闘技場には、一見しただけで分かる大きな違いがある。

※4 有名なニューヨークの摩天楼のビル（右図）を見てもわかる通り、初期の超高層建築物は四角型がベースとなっていた。そこからより高く、より頑丈な設計が求められるようになり、現在のような尖った形のタワー（左図）が誕生してきたのだ。

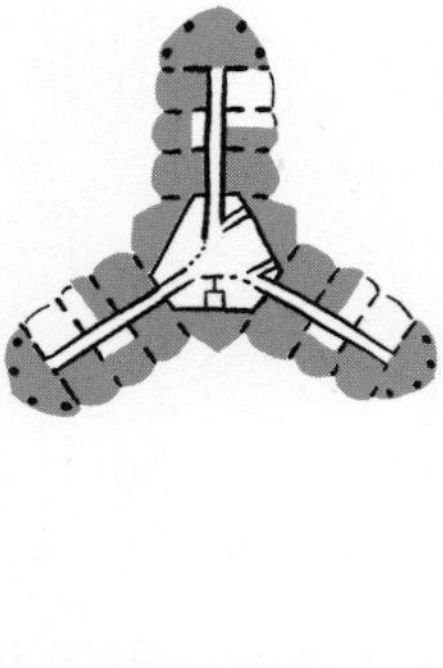

天空闘技場

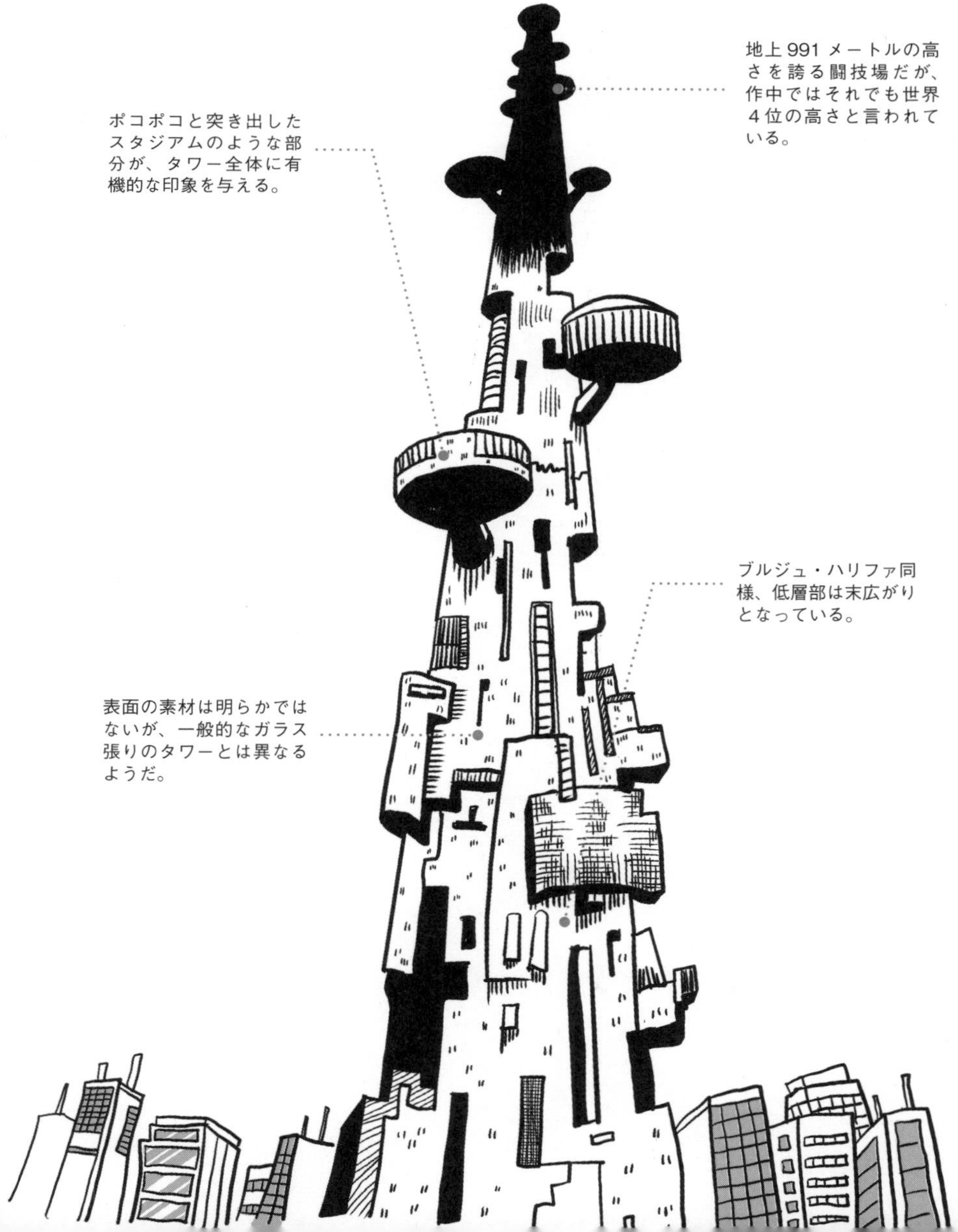
地上991メートルの高さを誇る闘技場だが、作中ではそれでも世界４位の高さと言われている。
ポコポコと突き出したスタジアムのような部分が、タワー全体に有機的な印象を与える。
ブルジュ・ハリファ同様、低層部は末広がりとなっている。
表面の素材は明らかではないが、一般的なガラス張りのタワーとは異なるようだ。

それは、**ガラス張りになっているか否か**だ。

多くの人がイメージする、普通のオフィス街に建っているようなガラス張りの高層建築物は、ほとんど**「カーテンウォール」**と呼ばれる技術を用いて建造されている。

カーテンウォールとはその名の通り、カーテンのように吊るされた壁のことである。

1800年代後半、建築物の高層化が進むにつれ、風や地震によって建物がしなることで負荷がかかり、壁が損傷してしまうという問題が出てきた。そこで、**建物自体の重さや積載される荷重はすべて柱や梁で支えつつ、独立して吊っているだけの外壁＝カーテンウォール**が誕生したのだ。[※5]

ちなみに世界初のカーテンウォールは、1851年に完成したロンドンのクリスタルパレスと言われている。

「似たような話をどこかで読んだかも？」と感じた方も多いはず。

そう、近代建築の五原則で紹介した「ドミノ・システム」だ。コルビュジエ先生の大発明は、高層建築にもしっかりと応用されているのである。

近代建築の祖、恐るべし……。

高層建築においてカーテンウォールの使用が主流になっている理由は他

※5 地震や風の影響でタワーの骨組みが揺れても、吊るされているだけの外壁には負荷がかからないような仕組みになっている。

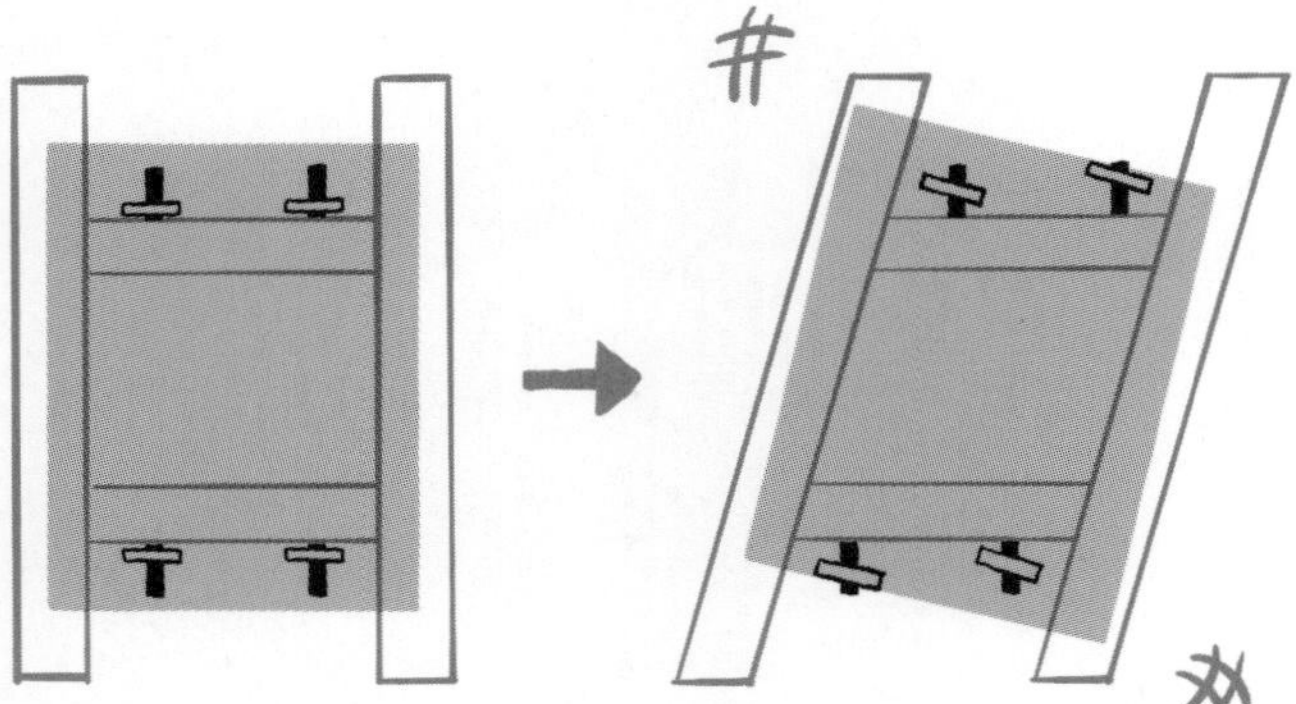

にもある。ずばり、その方が工事がラクだからである。

工事には、大きく分けて2種類がある。コンクリートなど水を含んだ材料で行う昔ながらの**「湿式」**と、その逆の**「乾式」**だ。

湿式にあたるコンクリート打設でタワーを建てようとすると、現場での柔軟な対応ができる反面、**液体のコンクリートを高いところまで運ぶのが非常に大変**だ。また、コンクリートが乾くのに時間がかかるため、効率的な工事がしづらいという難点もある。

一方、乾式に分類されるカーテンウォール工事は、**工場で造ったパーツを現場に運搬してプラモデルのように組み立てていく**だけなので、現場での作業時間が非常に少なく非常に効率的である。

乾式工事の登場により、高層建築は格段に早く、簡単に造られることができるようになった。※6

ここで、再び天空闘技場に目を向けてみよう。

あの有機的な形は湿式で丁寧に造形されていそうだし、何よりガラス張りではないのでカーテンウォールではなさそうだ……と結論付けてしまいそうになるが、案外そうとも言い切れない。

ガラス以外の素材が用いられたカーテンウォールも、一部存在するからである。

※6 一方で部品のサイズが間違っていたりすると一から作り直しになるため、湿式のように現場での柔軟な対応は難しい。

前述の通り、一般的に超高層建築物はガラス張りのイメージが強いと思う。

その理由は設計意図によって異なるが、多くの場合、採光のしやすさや周囲への圧迫感の軽減、重量が軽いことなどからガラスが選択されることが多い。

ガラス以外の形式としては、コンクリートを用いたパーツを工場で生産して現場で組み立てる**「PCカーテンウォール」**[※7]と呼ばれる手法がある。こちらも設計意図によるが、主にデザイン性や、現場施工の効率性を重視してよく用いられる手法だ。

コストや手間を考えると、天空闘技場はこのPCカーテンウォールを使って設計されていると考えるのが自然だ。それでもかなり難しい作業にはなるだろうが、その方が湿式よりもはるかに現実的な選択だと言えるだろう。

※7 PCとは、「プレキャストコンクリート＝工場で事前に成形する」を意味する言葉である。

タワーは何からできている？

関連して、タワー建築に用いられる素材の話もご紹介しよう。

こちらはカーテンウォールではなく、タワーを形作る構造体そのものの話だ。

たとえば完成からおよそ40年間、世界で一番高い建物であったニューヨークの**「エンパイア・ステート・ビル」**（次ページ図）は、鉄骨造である。もちろんその丈夫さも理由のひとつだが、前述の乾式工事との相性の良さもまた、大きなメリットであった。

その後、超高層ビルの構造は、鉄骨鉄筋コンクリート造や高強度のコンクリートが開発され進化しているが、やはり上部までコンクリートを運ぶ大変さが課題になっていることは変わらない。

実際にブルジュ・ハリファは、153階までが鉄筋コンクリート（RC）造、それ以上が軽い鉄骨コンクリート（S）造で造られているが、これはコンクリートを上層部まで圧送する技術が追いついていなかったためだ。[※8]

ここまで見てきたように、高層建築には常に様々な制限が付きまとうことになる。**建物の高層化の歴史は、それを可能にするだけの建築技術の進化の歴史でもある**のだ。

すでにブルジュ・ハリファ超えを目指す計画も次々と進んでいると聞くが、生きている間に一体何メートルの高層建築を拝むことができるだろうか。

※8 コンクリートは圧縮される力には強いが、引っ張られる力には弱い。そのため、内部に鉄骨（S）や鉄筋（RC）を仕込んでおく必要がある。鉄骨は軽くてしなる「柔」のイメージ、一方で鉄筋は重くてガッチリした「剛」のイメージだ。

タワー建築のデザインの歴史

現在のスカイスクレイパーと比較して、天空闘技場は最先端のデザインであるように感じる。

なぜなら細かく継ぎはぎをしたように大胆な凹凸を用いた有機的なデザインは、これまでの**「いわゆる高層建築」のセオリーに則った形ではない**からだ。

まずは現実のタワー建築におけるデザインを簡単に見ていこう。

タワー建築のデザインの歴史と切っても切れないのが、**「アール・デコ」**である。アール・デコで代表的なのが、先ほど登場した「エンパイア・ステート・ビル」だ。

地上102階建て、頂上までの高さは443メートル。ニューヨークの中心部・マンハッタン5番街に位置するこのビルは、1931年に完成してからおよそ40年間、世界で最も高い建物であり続け、現在も世界で最も偉大なタワーのひとつとして知られている。

アメリカの産業力を示す証として鉄骨フレームで建てられ、当時は、**「アメリカの技術、ハンパねぇ……」**という驚きとともに賞賛された。

クライスラー・ビル（左）
エンパイア・ステート・ビル（右）

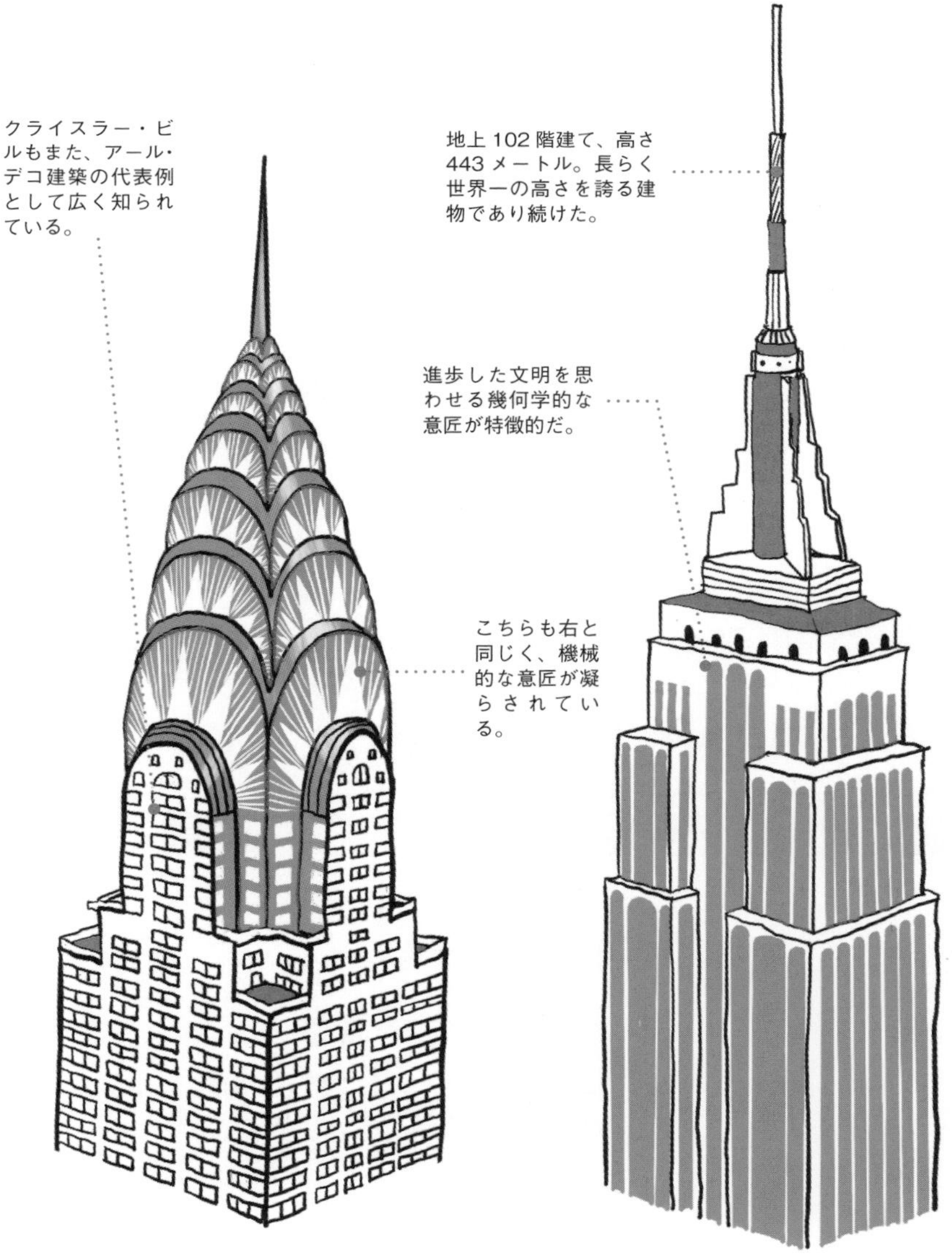
クライスラー・ビルもまた、アール・デコ建築の代表例として広く知られている。
地上102階建て、高さ443メートル。長らく世界一の高さを誇る建物であり続けた。
進歩した文明を思わせる幾何学的な意匠が特徴的だ。
こちらも右と同じく、機械的な意匠が凝らされている。

「アール・デコ」の特徴は、**自動車や飛行機など、進歩した文明の象徴＝機械を思わせるデザイン**だ。シンプルかつ合理的。幾何学図形をモチーフにした直線的な表現は、見る者を圧倒する力がある。また、左右対称のシンメトリーが採用されがちなのも特徴である。

このような**合理的・機械的なデザインは、現代のスカイスクレイパーにも大きな影響を与えている。**

たとえば、マレーシアの**「ペトロナスツインタワー」**[※9]を見てみよう。これはアール・デコの流行からずいぶん後になって建てられたスカイスクレイパーではあるが、幾何学図形で機械的な外観デザイン、シンメトリーな形状など、アール・デコの強い影響が感じられる。

以上を踏まえて天空闘技場を見てみると、これがいかにセオリー通りではないデザインか理解していただけるだろう。アール・デコを基調とする機械的な意匠とは真逆の、実に有機的な造りになっている。[※10]

しかしだからと言って、「こんなデザインはあり得ない！」と簡単に切り捨てることはできない。

たとえば現在、世界では**最新技術を導入した木造の超高層建築物**の計画

※9 ペトロナスツインタワーは1996年、マレーシアのクアラルンプールにて完成した。

がいくつも進んでおり、今までの超高層建築物とは異なった面白いデザインが構想されていたりもするのだ。

代表的なところでは、高さ350メートルの木造高層建築物を実現させるべく**「W350計画」**という日本のプロジェクトも進んでいる。

様々なテクノロジーの発展が目覚ましい現代において、高層建築のデザインはこれからどんどん多様化していくだろう。そう考えると、〝リアル天空闘技場〟のようなタワーが実現するのは、案外時間の問題なのかもしれない！　……その用途は、さすがに闘技場ではないだろうけど。

※10　アール・デコのタワー建築が幾何学の組み合わせによる有機的な表現だとするのなら、天空闘技場は、非幾何学を突き詰めて生まれた有機的な造形だと言えるだろう。

COLUMN_03

エレベーターの裏話「バンク分け」

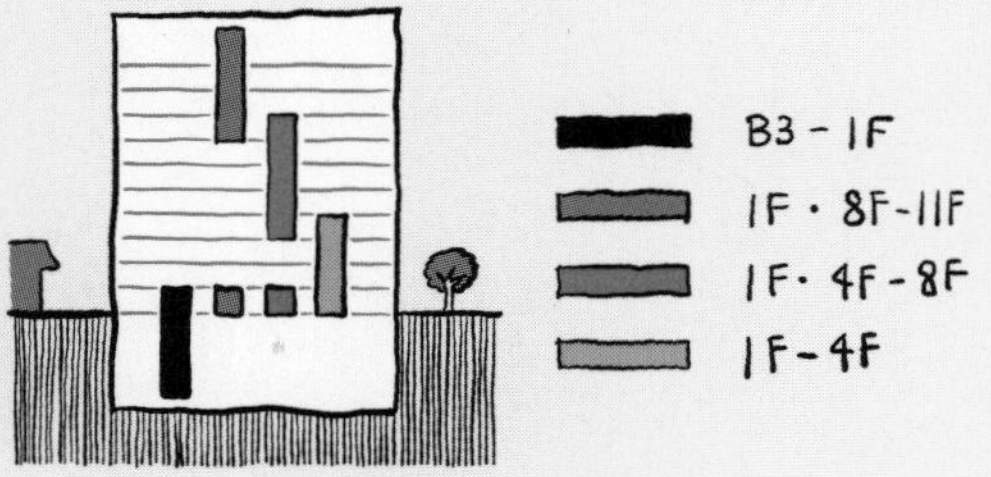
B3 - 1F
1F・8F-11F
1F・4F-8F
1F-4F

バンク分けを示した図解

高層タワーを訪れたことがある人は、「なんでこんなにエレベーターがあるの？」「え、乗り換え？」と感じたことがあるのではないだろうか。

実はスカイスクレイパーほどの高い建築物だと、技術的にエレベーターひとつで最上階までいくことは難しい。また、数多くの利用者を効率的に捌くとなると、必然的に何台もエレベーターを用意する必要が出てくるのだ。しかしいくら台数が多くても、エレベーターがいちいち各階に止まっていると来訪者の待ち時間は膨大なものになってしまう。そこで重要なのが、「バンク分け」だ！

ビルのフロア階数やエレベーター設備において、低層・中層・高層などとグループ分けされた階のまとまりを建築用語で「バンク」と呼ぶ。高層ビル建設の際は、各階の利用者数や止まる頻度を「交通計算」と呼ばれる数式に基づいて計算した上で、効率的なエレベーター計画になるように検討されている。この作業を、「バンク分け」と言うのである。

ここで思い出したいのが、ハンターハンターの作中、特にアニメ版では何度も登場した天空闘技場のエレベーターガールだ。

ゴンたちを担当するのはいつも同じお姉さんだったのだが、天空闘技場はバンク分けがされていないのか、単純に遭遇率が高かっただけなのか。

エレベーターが一台しかないという力技パターンも考えられるが、その真相はいかに……。

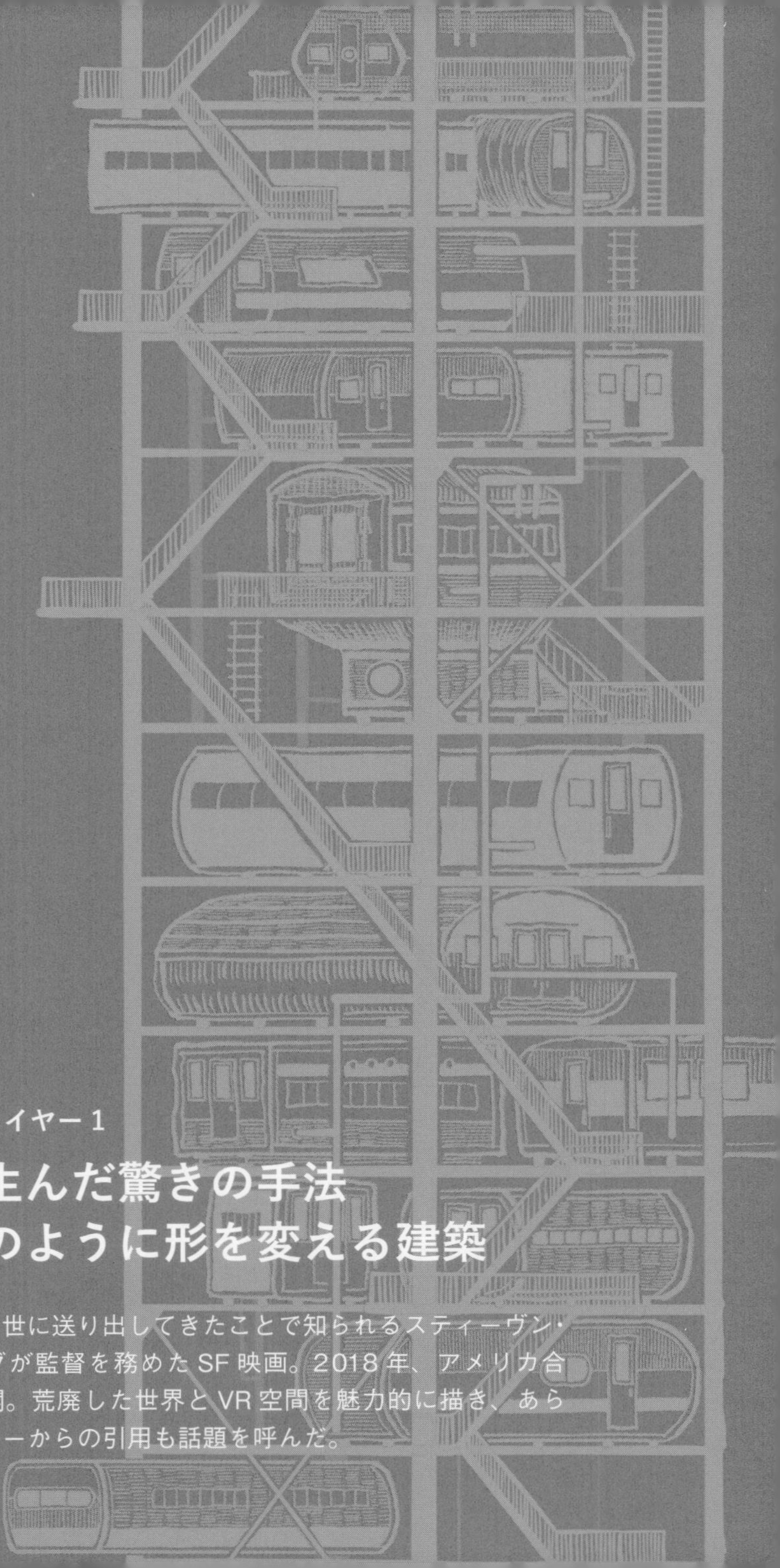

No.004

レディ・プレイヤー1

日本が生んだ驚きの手法
生き物のように形を変える建築

数々の名作を世に送り出してきたことで知られるスティーヴン・スピルバーグが監督を務めたSF映画。2018年、アメリカ合衆国にて公開。荒廃した世界とVR空間を魅力的に描き、あらゆるカルチャーからの引用も話題を呼んだ。

「メタボ」な建物？

２０１８年に公開された映画『レディ・プレイヤー１』。アーネスト・クラインの小説「ゲームウォーズ」を原作に、巨匠スティーヴン・スピルバーグが監督を務めたＳＦ超大作だ。

舞台は２０４５年。環境汚染などにより荒廃した世界で冴えない生活を送る主人公のウェイドが、もうひとつの〝現実〟であるＶＲ世界「オアシス」のなかで次々と事件に巻き込まれていくという作品で、その壮大なスケールはもちろん、様々なポップカルチャーをオマージュした楽しい演出に全世界のオタクたちが歓喜したことでも話題を呼んだ。

お察しの通り私もそのひとりなのだが、個人的にこの作品はアニメやマンガだけでなく、建築オタクとしても非常に満足できる作品だと思っている。というのも、荒廃した現実世界でウェイドが暮らすスラム街の集合住居**「スタック・パーク」**のビジュアルがあまりに魅力的なのだ。

スタック・パークは、鉄骨でフレームを組み、その中にトレーラーハウスを何台も積み重ねることで、いわば「垂直型スラム街」のような形でコ

スタック・パーク

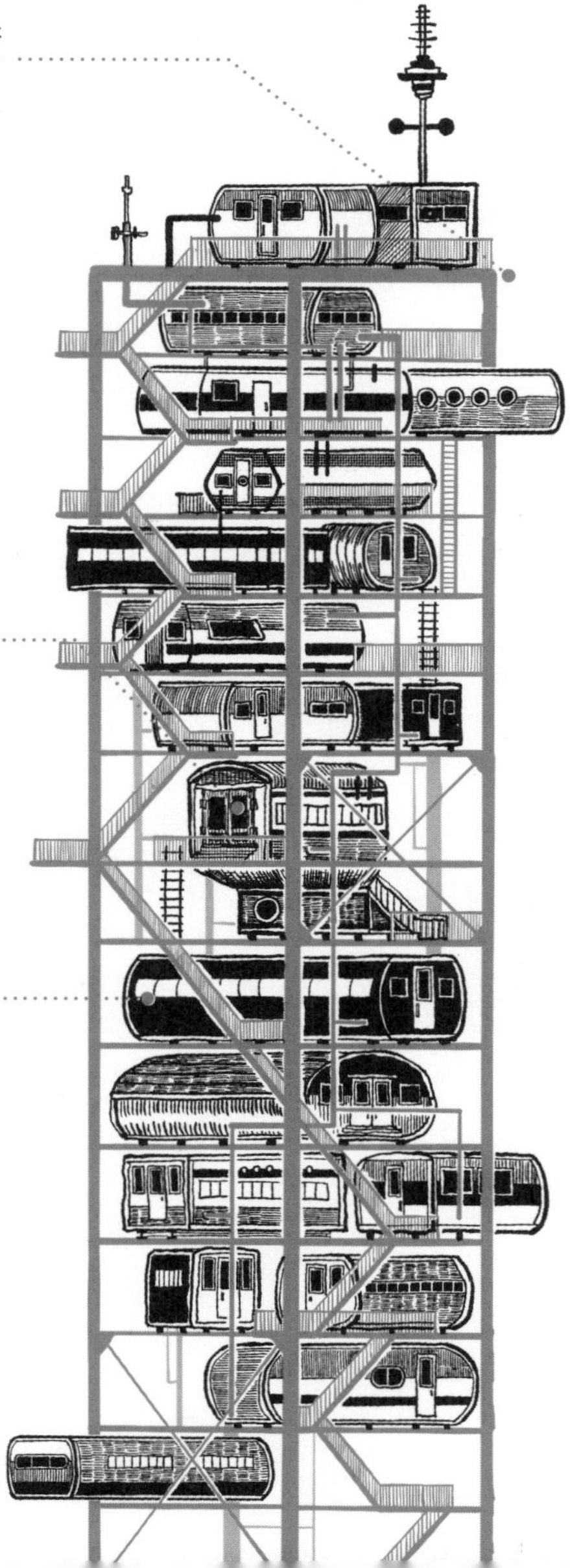

スタック・パーク全体を支えるのは、華奢な鉄骨のフレームだ。

フレームの中には、いくつものトレーラーハウスが積み重なっている。

内部のトレーラーは必要に応じて入れ替えができるようだ。

ミュニティを形成している。きれいに整備された区画が存在せず、**形を変えながら少しずつできあがってきたであろう独特な空間**に、なんともグッときてしまうのだ。

ディストピアを描いた近未来ＳＦっぽい要素が詰まったスタック・パークだが、実はこれとそっくりな建築思想が１９６０年代に既に日本から提案・発信されていたことをご存じだろうか？

その名も**「メタボリズム」**だ！

……と言っても、建物がぽっちゃり太っているわけではない。

メタボリズムとは「新陳代謝」を意味する生物学上の用語で、**生き物のように形を変えたり、位置を入れ替えたりできる建築物**を作ろうという思想から起こったムーブメントである。

60年代といえば、日本は高度経済成長の真っ只中。当然、建築業界も「新しい時代を作ろう」という活気に満ちており、次々と実験的なデザインが生み出されていった。

なかでもメタボリズム建築はワクワクするような大胆な設計が多く、今なお影響を受けている建築家は数多くいると言われている。

そんなのアリ？ 組み換え可能なカプセル建築

スタック・パークを見てまず連想したのが、黒川紀章《くろかわきしょう》が設計した**「中銀《なかぎん》カプセルタワー」**（次ページ図）だ。黒川はメカニカルかつ前衛的な建築デザインで学生の頃から世界的に注目され、今なお数多くの建築家に影響を与え続けている業界のレジェンドである。

そんな黒川紀章をはじめ、当時を代表する著名な建築家が集まって発表した建築思想が、「メタボリズム」だ。

このように複数の建築家がまとまって新たな思想を発信するケースは珍しく、日本の建築史において非常に重要な位置付けがされている出来事である。

中銀カプセルタワーは東京・銀座に位置し、メタボリズム建築の代表格と呼ばれるほど有名な建築物だ。

中央の塔のような部分に階段やエレベーターなど必要不可欠なもの（コアと呼ばれる）が収められており、その周りにカプセル型の住居スペースが取り付けられている構成になっている。イメージとしては、**ぶどうの芯に房がいくつも付いているような状態**[※1]だ。

※1　デザインを損なうことなく、コアをいかにスマートに配置できるか。これは建築家が頭を悩ませがちなポイントのひとつだ。「下は商業施設で上は住宅」といった、上階と下階で用途の違う建物におけるコアの処理は特に悩ましい……。

中銀カプセルタワー

エレベーターなどが収められているコア部分。

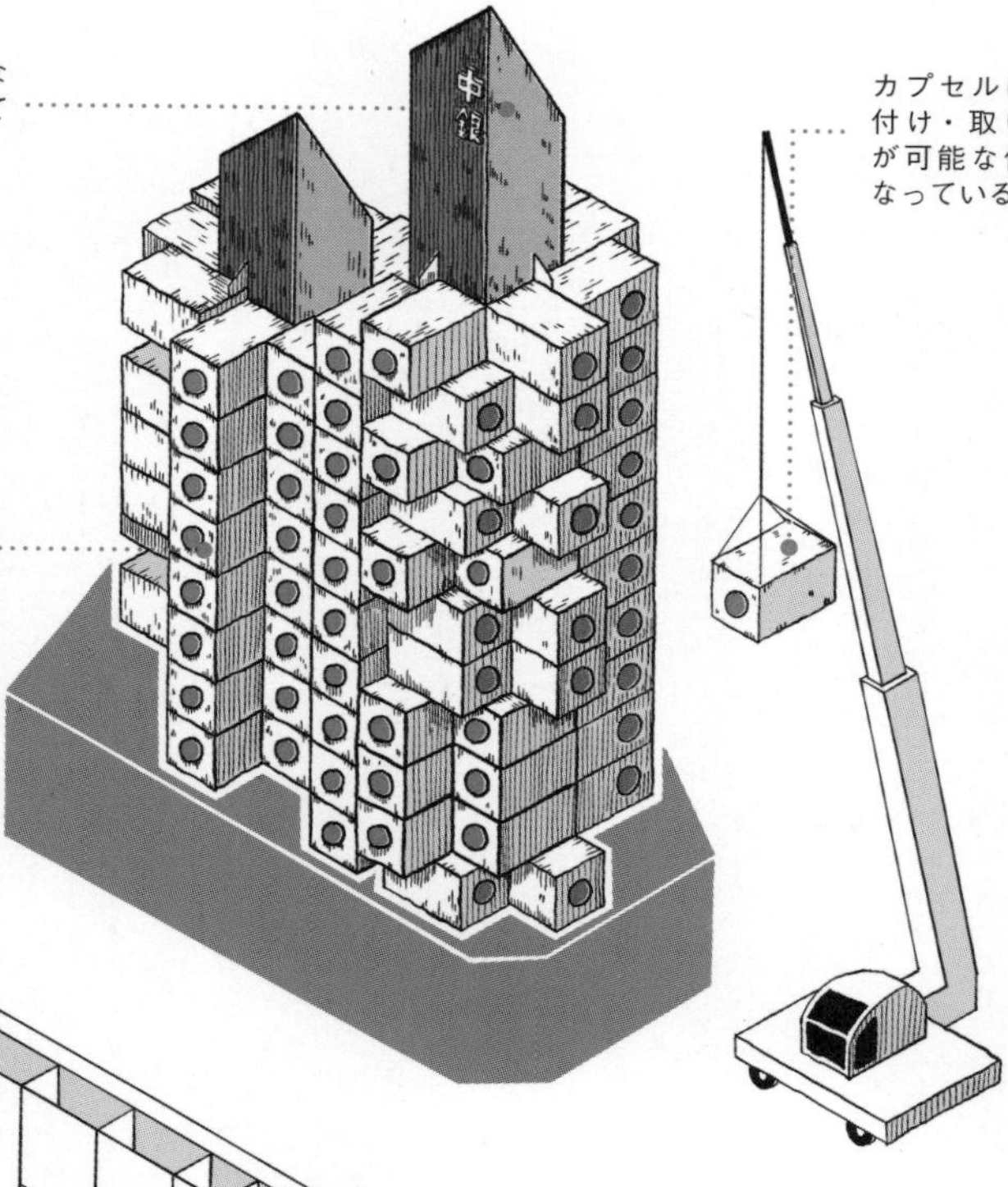

カプセルは取り付け・取り外しが可能な作りになっている。

ぶどうの房のように、カプセルがコア部分に取り付けられている。

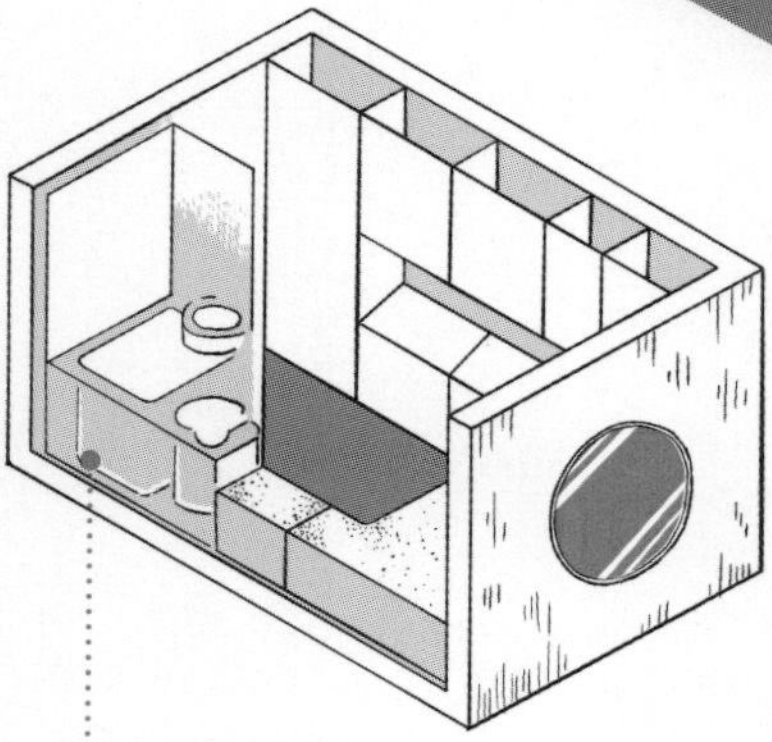

カプセルは上下２箇所ずつの４箇所でコアに固定されている。

カプセルの内部は、宇宙船を思わせる近未来的なデザインになっている。

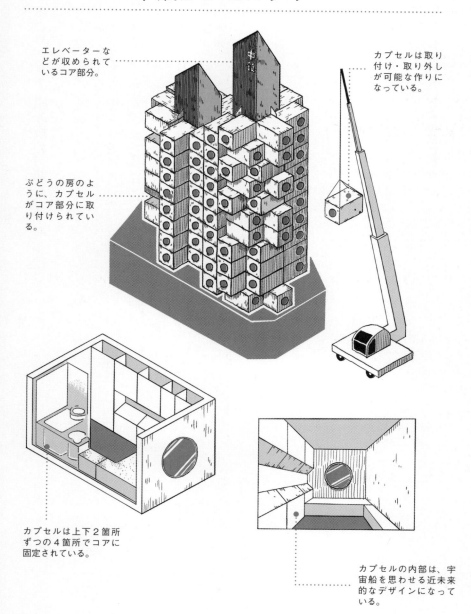

そして驚くことに、**これらのカプセルは取り替えが可能**だ！

カプセルはコアの鉄骨から上下2箇所ずつ、合計4箇所で固定されている。カプセルの重量はひとつ当たり約4・1トンもあり、そんな重量をたった4点で支える技術も驚きだが、とにかくこの構造によって、まるでレゴブロックのようにカプセルを取り替えることができるようになっているのだ。※2

このように**「取替可能」であることが、メタボリズム建築最大の特徴**だと言われている。

メタボリズムを提唱した建築家たちは、設計者が意図した合理性や美しさを保つことよりも、**社会や使い手の変化・要望に応じて形を変え〝新陳代謝〟していくことで永続的に機能する建築物**を目指したのだ。

スタック・パークがあるのは荒れたスラム街であるため、キレイに整えられたコアはないが、トレーラーハウスが鉄骨フレームに納められ、いざとなれば交換可能な状態となっている構成は、いかにもメタボリズム的である。

敢えて気になる点を挙げるなら、トレーラーハウスを取り外す際には大掛かりな重機が必要になることが予想されるため、仮に入れ替え工事をしようとすると莫大な費用がかかってしまうだろう。

※2 日本の名建築として名高い中銀カプセルタワーだが、2022年に解体が行われた。これを受けて残ったカプセルを保存・再生するプロジェクトが進み、現在では国内外の美術館や商業施設での展示なども行われている。

これはなかなか重大な問題で、実は中銀カプセルタワーも、ひとつのカプセルを移動させるためには周りのカプセルの大がかりな移動も必要になってしまうという問題があり、結局新陳代謝は一度も行われていないのだ。

どんなにワクワクする設計図が描けても、現実はそう簡単ではない……。これは建築家なら誰もがぶち当たる壁だが、業界のレジェンドである黒川紀章もまた、そのひとりだったのかもしれない。

マッチョな構造から客室を〝吊り下げる〟ホテル

魅力的なビジュアルから、ついつい妄想が膨らんでしまうスタック・パーク。可能であれば実際に住んでみたいほどであるが、建築家としてどうしても気になってしまうのが、その耐久性だ。

居住スペースであるトレーラー自体は良いとして、それらを支えるのに肝心な鉄骨フレームが華奢すぎるのである。

建築物の安全性を担保する要は、あくまでフレーム（柱・梁）だ。どんなに魅力的なデザインを施しても、それを支える構造体が弱いとどうにもな

らない。人の命を守る・預かる役割も持つ建築にとって、構造フレームの強度は決して疎かにできない要素なのである。※3

その点、菊竹清訓《きくたけきよのり》によるメタボリズム建築**「ホテル東光園」**（次ページ図）は、十分すぎるほどマッチョな構造体に支えられた建物である。

最大の特徴は何と言っても、厳島神社の大鳥居を引用したとされる大きな柱だ。菊竹はメタボリズムを提唱した先鋭的な建築家のひとりでありながら、日本の伝統的な建築技術を重んじる建築家でもあった。

伝統と革新――。東光園はその2つの思想を同時に体現した建築物なのである。

そんなホテル東光園だが、メタボリズム建築と言うからにはもちろん、新陳代謝もできるような設計になっている。しかもその手法が驚きで、なんと柱や梁といった**フレームから客室部分を〝吊り下げる〟**ことで独立させ、改修や入れ替えを可能にしているのである。

あまりにぶっ飛んだ手法すぎて、私も最初に見たときは、

「理屈はわかるけど、本当にそんなことが可能なのか……？」

と思わず疑ってしまうほどだった。

しかしよく観察してみると実に細かく筋の通った設計がされており、た

※3 華奢な構造フレームはオシャレ感を演出しやすく、実際に上手く取り入れている事例も多数ある。ただし安易に手を出してしまうと、構造的な問題が生じやすくなるのもまた事実だ。

ホテル東光園外観

伝統的な日本建築の要素を取り入れた外観。
厳島神社を引用したとされる大きな柱。

ホテル東光園の構造

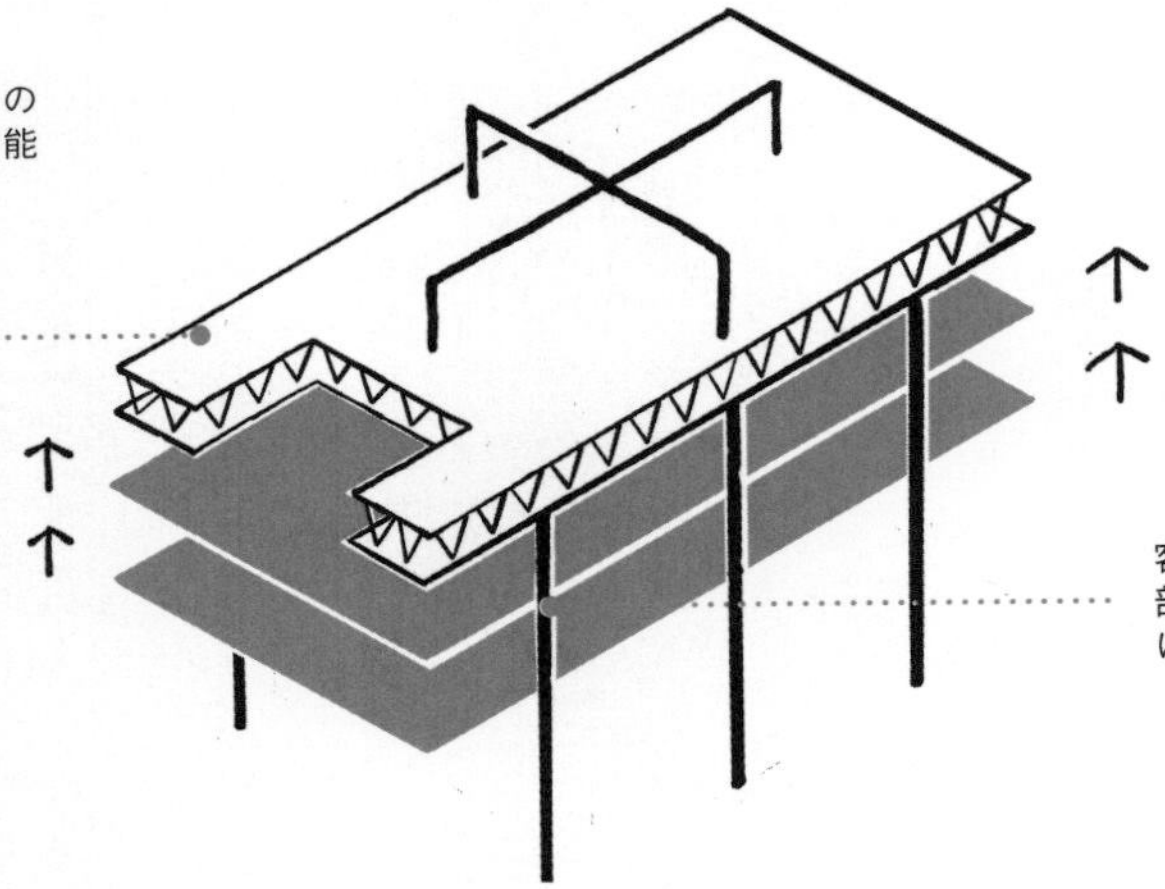
構造上、客室の入れ替えは可能になっている。
客室はフレーム部分から吊り下げられている。

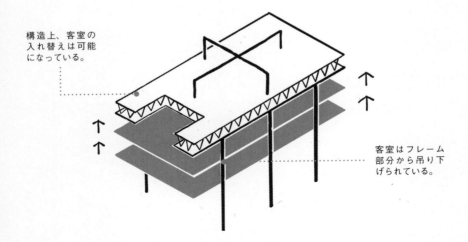

しかに新陳代謝は無理なく行えるようになっている。

加えてそういった構造体のギミックだけに力を入れるのではなく、客室自体の和風空間も見事に作り込まれているのが素晴らしい。ダイナミックなフレームとの対比を意識したのか、こちらは繊細で美しい意匠が凝らされているのだ。

菊竹建築、すごすぎる……。見る者を驚かせてくれる考え抜かれた設計もまた、菊竹建築の魅力のひとつである。


黒川のカプセルタワー然り菊竹の東光園然り、内部空間を柔軟に変形させるには、それらを支える構造体がしっかりとした強度を保っている必要がある。

スタック・パークももっと頑丈な鉄骨フレームを使っておけば作中であんなことには……という話は、ネタバレになるのでここではやめておこう。

現代における新たなメタボリズム

２０２２年ＦＩＦＡワールドカップの開催地であるカタールに建設されたスタジアム **「ラス・アブ・アブード競技場」**。

鉄骨のフレームとコンテナというビジュアルは一見するとスタック・パークそのものであり、その特徴的な外見から世界中で注目を集めた。

「ついに憧れのスタック・パークが実現したのか……！」

と私が歓喜したのは言うまでもないが、詳しく見てみると実はこのスタジアム、**スタック・パークをより実用的に解釈した現代のメタボリズム建築**とでも言うべき、驚きの建築物だということがわかる。

スペインのフェンウィック・イリバレン・アーキテクツという事務所が設計したこの競技場は**別名「レゴ・スタジアム」**と呼ばれている。その名の通り、解体、移動、リユースを可能にし、循環を意識した世界初のサッカースタジアムである。

建築物の設計では、スペースや部品などひとつのまとまりを**「モジュール」**という単位で区切って設定する考え方がある。

このスタジアムではコンテナの周囲の鉄骨部分を1モジュールとし、そのモジュールをレゴブロックのように組み立てていくことで、全体を形作っている。

つまり、**解体や再構築が手軽に実現できるようになったスタック・パーク**というわけである。

この構造には大きく2つのメリットがある。ひとつめは、**建設時に出る**

ラス・アブ・アブード競技場

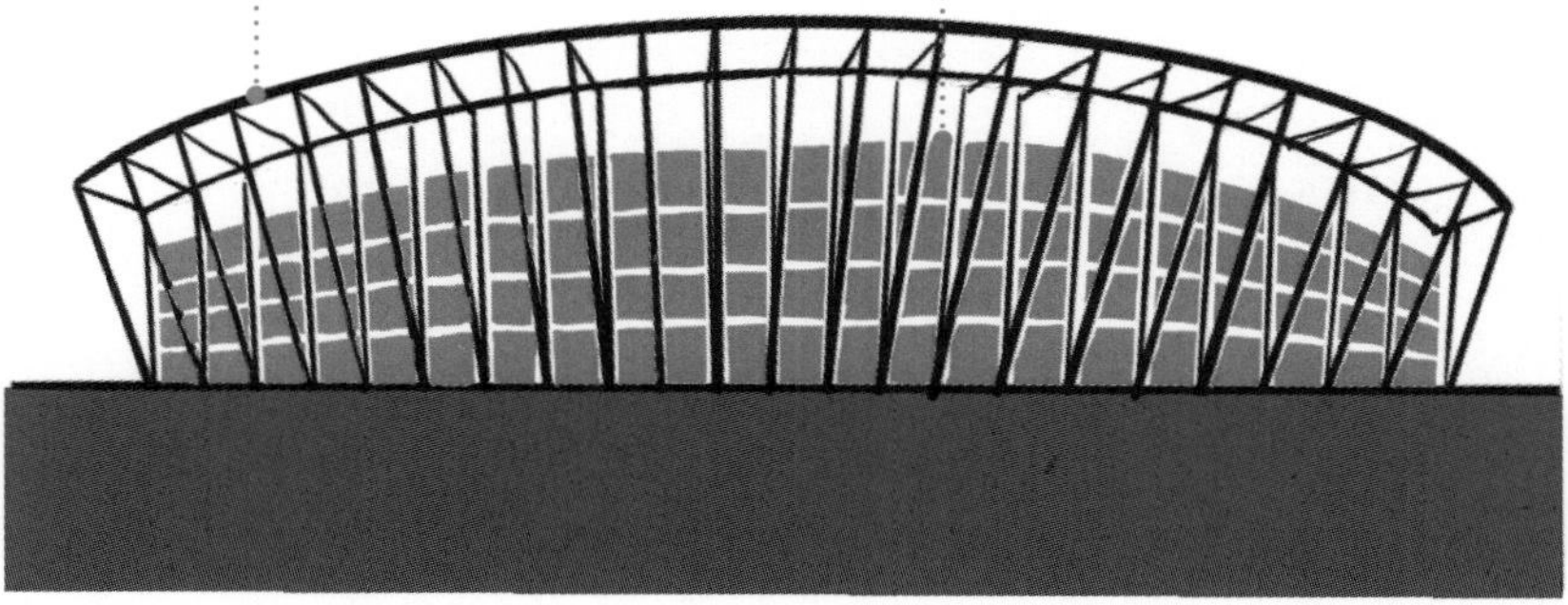
スタジアム全体を支える鉄骨のフレーム。
機能面だけでなく、コンテナが埋め込まれたカラフルな外観も特徴的だ。

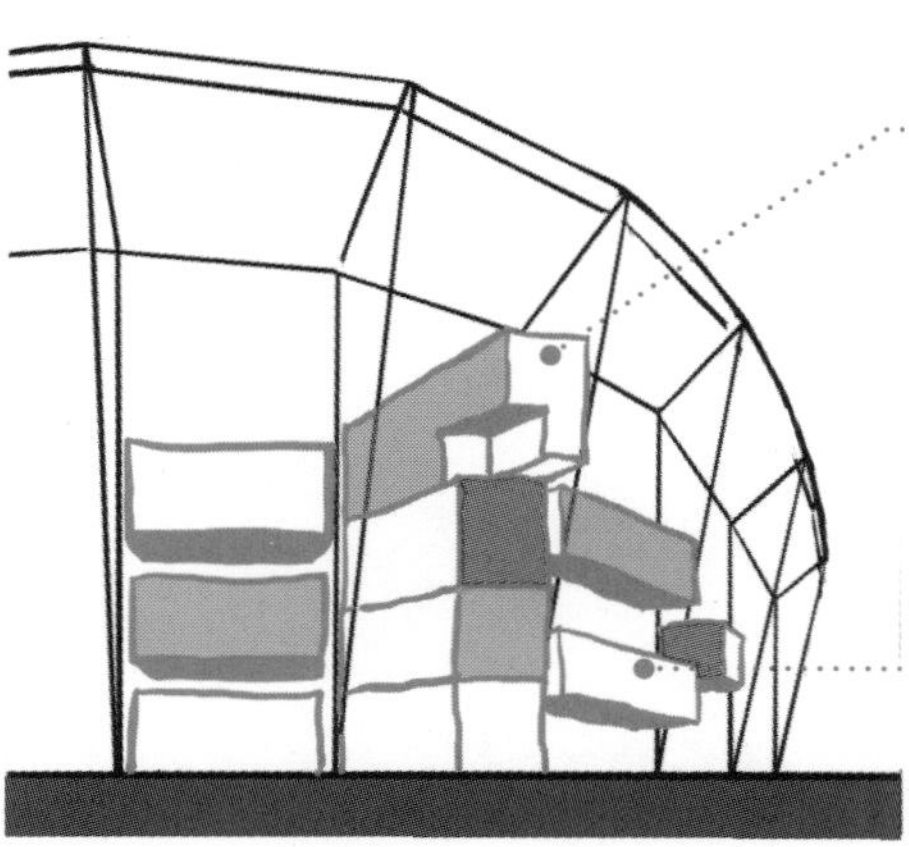
フレームの中にはコンテナが組み込まれている。
コンテナひとつを「１モジュール」と設定し、解体や再構築が簡単に行えるようになっている。

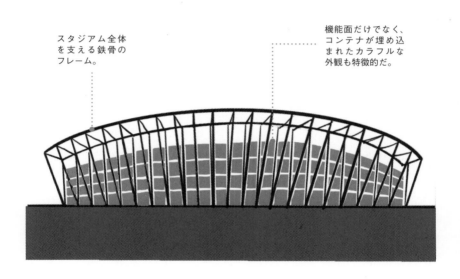

廃棄物の量を大幅にカットできるという点だ。コンテナのようにあらかじめサイズが決まっているものを部品として用いることで、従来より必要な資材が少なく済み、結果的に廃棄物も減量できる。

もうひとつのメリットは、**簡単に解体ができる**という点。

今までのオリンピックやワールドカップのスタジアムは、大会の象徴として終了後も変わらずに利用し続けるという国が多かったが、その維持費は膨大な額に上り、開催国を悩ませるケースも少なくなかった。ところがラス・アブ・アブード競技場は大会の終了後に簡単に解体することができるため、そういった問題がすべてクリアできるのである。

現代ではこのような手法や考え方をサステナブルと呼ぶが、**メタボリズムとサステナブルは、実はかなり近い考え方である。**

行き過ぎた経済成長と、それに伴う過剰なスクラップ&ビルド……これらに対する痛烈なアンチテーゼこそが、メタボリズムの本質なのだ。

今回取り上げた黒川紀章や菊竹清訓はともに亡くなってしまっているが、彼らの唱えたメタボリズム思想は時を経て、持続可能性（＝新陳代謝）を目指す新たな現代建築に影響を与え続けている。

COLUMN_04

壮大なメタボリズム「都市」

菊竹清訓による「層構造モジュール」

メタボリズム運動の初期の段階では、建築物に留まらず、もっと壮大な都市スケールのアイデアが提案されていた。

詳しく調べてみると、中銀カプセルタワーの黒川紀章は「農村都市」、ホテル東光園の菊竹清訓は「塔状都市」や「海上都市」、その他にも大高正人・槇文彦による「新宿ターミナル再開発」など、今見てもワクワクするようなような計画が次々と発表されていたことがわかる。

中でも注目したいのが、菊竹清訓による「層構造モジュール」である。

層構造モジュールは、「メガストラクチャー」と呼ばれる巨大構造物とインフラによって山状に人工地盤を形成し、人々が暮らす居住エリアを地上から持ち上げるような構成になっている。緑化やソーラーパネルも用いて、地上からの災害から身を守りながら良好な生活環境を形成していくような提案である。

さらに面白いのが、それぞれのモジュールの中に一軒家が建てられていくというアイデアだ。

このようにユニット化した居住単位を普及させることで建築の複製、量産をし、産業化させるような考え方を提唱したのも、メタボリズム思想の特徴なのである。

建築物を自動車のように量産することができれば、社会要請に応じて柔軟に更新・交換が可能になるのではないか……。

かつてのメタボリズム都市計画には、そんな建築家たちの夢が詰まっている。

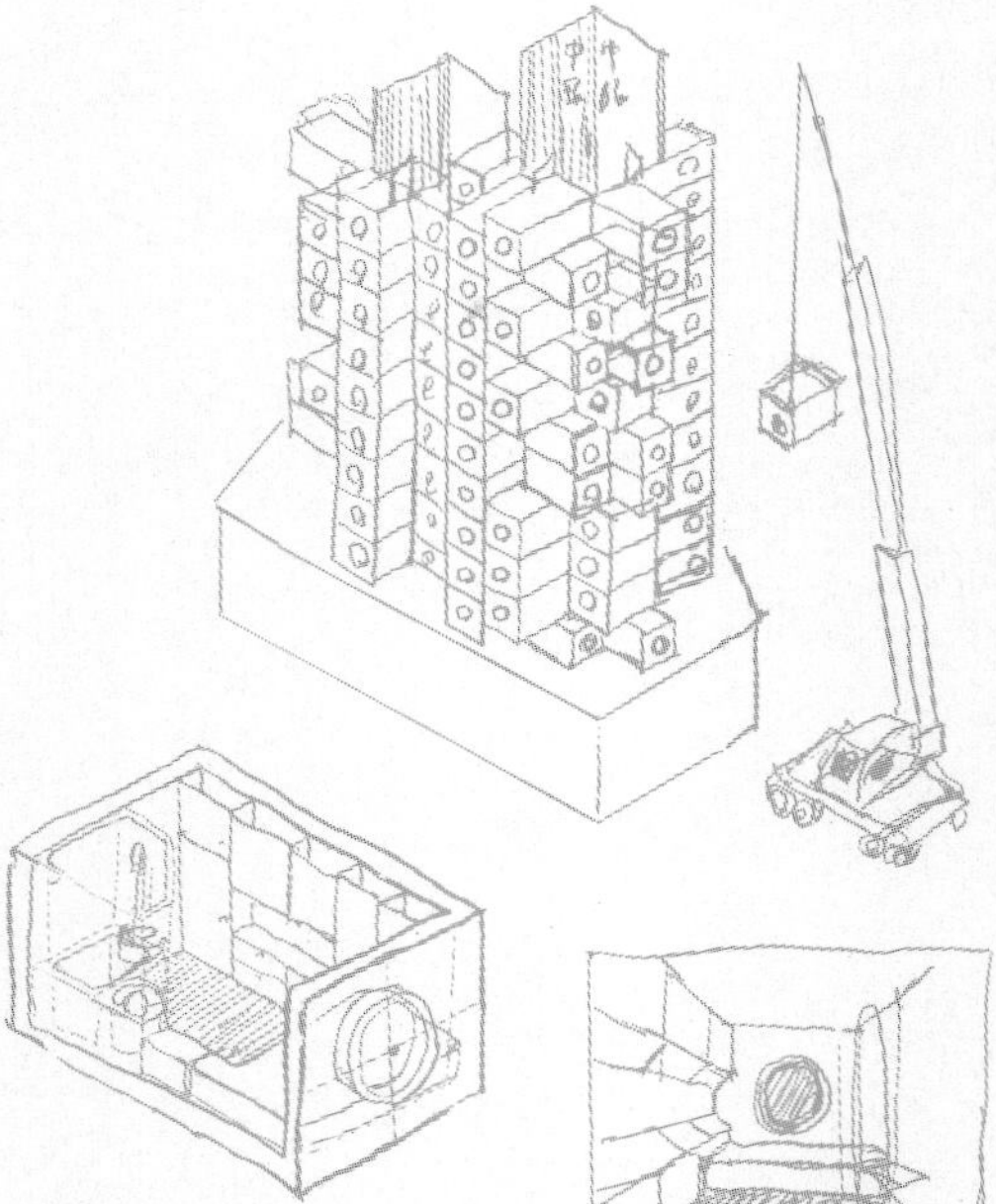

No.005

ドラゴンボール

魔人ブウは天才建築家!?夢が広がるシェル構造

鳥山明によるマンガ作品。『週刊少年ジャンプ』にて1984年から1995年まで連載された。7つ集めるとどんな願いも叶う秘宝・ドラゴンボールを巡る冒険を描く本作は、少年マンガの金字塔として現在も多大な影響を与え続けている。

建築の可能性は大きく広がった！

世界中の子どもたちに夢を抱かせ続ける大名作、『ドラゴンボール』。今なお愛され続ける、少年マンガの金字塔だ。

作品の魅力を挙げればキリがないが、やはり建築家としては鳥山明が描く魅力的な乗り物や建物に目を奪われてしまう。特徴的なドーム型の建物や、どうやって成り立っているのか不思議だったカリン塔、生物的な形をしたタイムマシンなど、造形フェチにはたまらない要素で溢れているのである。

なかでも私が衝撃を受けたのは**「魔人ブウの家」**だ。ブウの家の建設シーンでは生き物を粘土に変え、それを材料に自らの住宅をＤＩＹしてしまうのだが、その**クリエイティブセンスが建築家として嫉妬してしまうほど高い**のだ。

ブウの家のように独創的な形態をしながら、同時に構造的にも成立させることは、簡単ではない。建築家と構造家[※1]が気の遠くなるような綿密な連携を取って初めて、ようやく実現できるというレベルである。

そんな高次元の設計・施工スキルの上に完成されたブウの家から想起さ

※1 デザイン面やプロジェクト全体をマネジメントする建築家とは別に、「構造家」という専門領域がある。どうすればこのデザインを実現できるか……といった現実的な問題を検討してくれる、なくてはならない存在だ。大きい設計事務所には専門の構造家がいたり、あるいは外部に委託したりと、建築家が構造計画まで兼任するケースはほとんどない。彼らは建築家とはまた違う能力に長けた、スペシャリストなのである。

魔人ブウの家

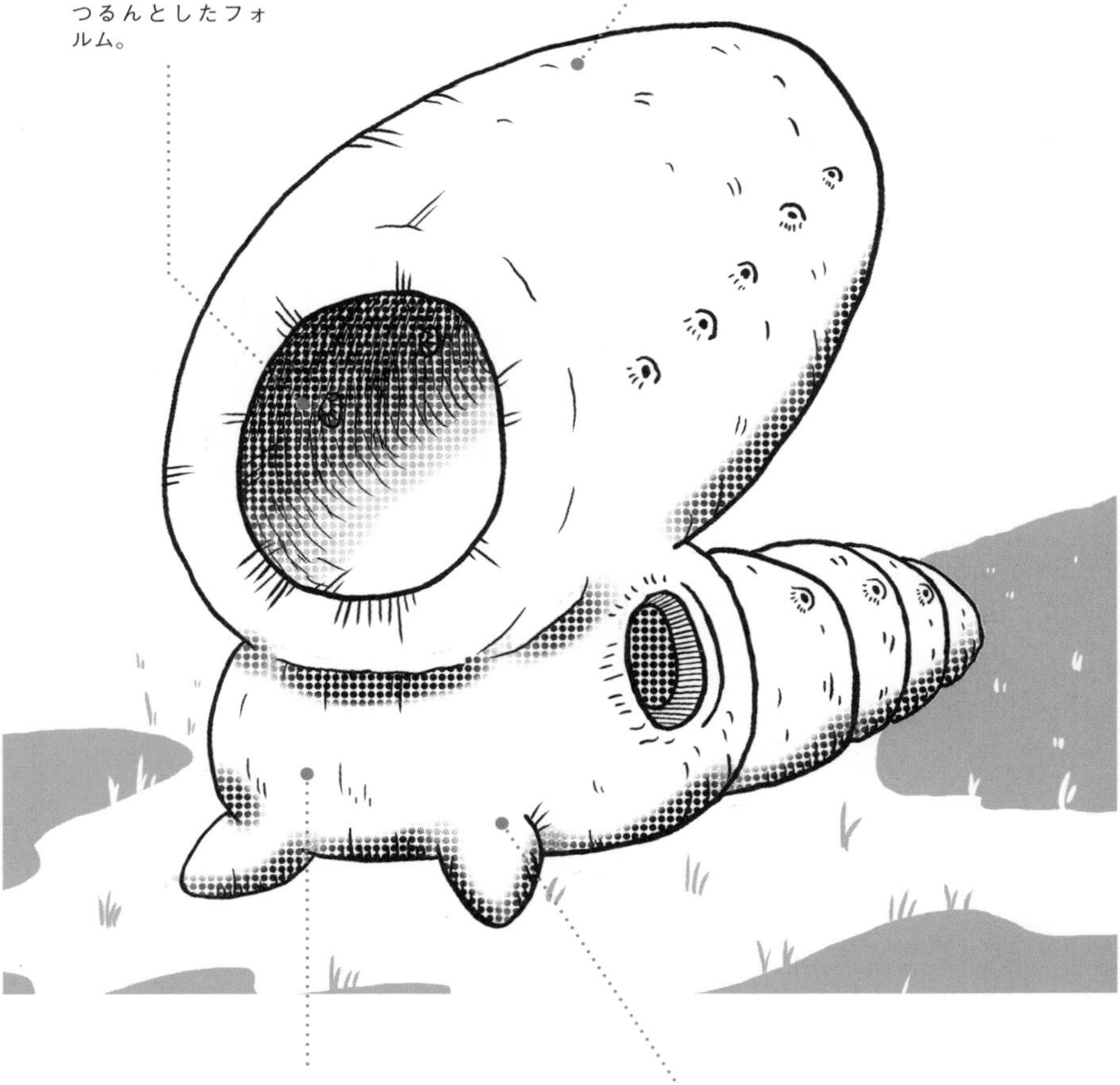

粘土のような素材が用いられた魔人ブウの家。

屋根や壁、床がシームレスに繋がった、つるんとしたフォルム。

独特の形状ながら、その強度は申し分なさそうだ。

このユニークな造形を構造的に成立させることは、簡単ではないだろう。

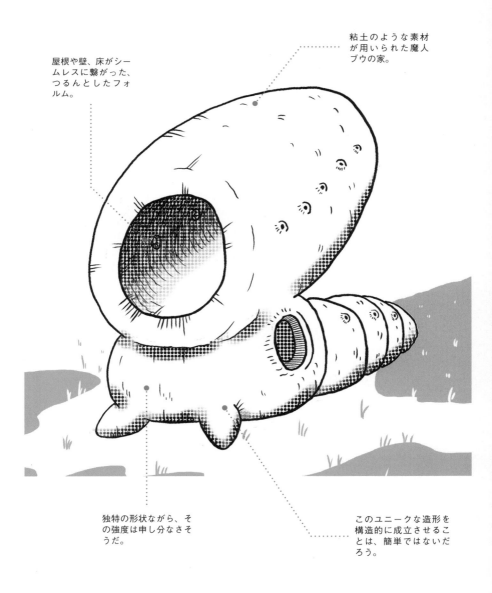

れるのは、**「シェル構造」**という形式だ。

シェル構造とは、建築だけに用いられる用語ではない。

自然界においては名前の通り貝殻や、卵の殻などにも見られる構造形式である。あるいは航空機の機体や潜水艦などにも使われているほか、缶コーヒーの表面にダイヤモンド型の凹凸がついた「ＰＣＣＰシェル」と呼ばれるデザインなど、我々の生活を身近なところで支えてくれている構造でもある。

つまり耳馴染みのある「木造」「鉄骨造」「ＲＣ造」のように素材が基準となった構造形式とは違い、**「形状」そのものを指す言葉**なのである。※2

造形の歴史は、重力への対抗の歴史——。

これは私が学生のころに学んだ言葉だが、シェル構造の登場は、まさしく建築と重力の関係性を大きく変化させようとしている。

建築業界にどのような革命が起きたのか、さっそく見て行こう。

さあ、摩訶不思議建築アドベンチャーのはじまりだ！

魔人ブウの家とシェル構造の建築たち！

※2　鉄筋コンクリート造のシェル構造がはじめて建築に応用されたのは、１９２０年代のことだったとされている。

シェル構造は、**合理性と美しさを兼ね備えた新たな構造形式**として建築界に登場した。

貝殻の形状を思い浮かべていただきたい。当然貝殻には柱も梁も存在しないが、あのつるんとしたフォルムはしっかりと形を保ち、広々とした内部空間を確保している。極めてシンプルな要素で構成された、ある種の居住空間である。

「この形状を、なんとか建築設計に落とし込めないだろうか？」

そう閃いた建築家は、少なくなかった。

つまり**柱や梁が必要なくなれば内部空間のデザイン性は広がり、さらに曲線を用いた自由な外観を形作ることだってできる**というわけだ。まさしく26ページで触れたような、ドミノ・システムからの脱却である。

もしこれが実現できれば……と、夢が広がるシェル構造。建築家たちが目を付けたのは、コンクリートだった。

自由な造形が可能かつ、強度も高いコンクリート。この素材を用いたシェル構造の名建築は、世界中に数多く存在する。

たとえば、**「豊島美術館」**[※3]だ。

これは瀬戸内海の「豊島」にある美術館で、設計は建築家の西沢立衛《にしざわりゅうえ》氏と美術家の内藤礼氏。膜のように薄いコンクリートの曲線が全体を構成し

※3 豊島美術館

ているため、中に入ると屋根、壁、そして床のつなぎ目が一切ないことに気付く。シェル構造という名前の通り、まるで大きな貝殻の中に入ったような錯覚に陥るだろう。

内部には音を吸収するものがなく、音の反響も独特だ。また床に開けられた小さな穴からは時折、水が湧き出る仕組みになっており、小さな水滴が撥水加工された床の上をコロコロと転がっていく。

建築とアート作品の中間にあるような、たいへん美しい作品である。

実は魔人ブウの家も、これとよく似た形状をしている。

全体が曲線で構成されており、床はそのまま壁、そして屋根へと連続してつながっていく。

さらに面白いのがお風呂のシーンだ。ブウが元気よく湯船に飛び込むと、溢れたお湯は床へ流れていく。この様子が豊島美術館と本当にそっくりで、見ているとついテンションが上がってしまうのだ。[※4]

もしかしたらブウはあの空間で、溢れたお湯の流れを優雅に楽しんでいるのかもしれない。そこまで計算して家を造っていたのだとしたら、ヤツは相当な建築上級者である。

シェル構造の建築といえば、広島県にある**「新白島駅」**[※5]も外せない。

こちらは白い円筒を横倒しにしたような外観で、アーチ部分には大小い

※4 ブウのお風呂。特徴的な建築で水や湯気の動きさえ楽しむ魔人ブウは、ある種建築家であり、インスタレーション作家でもある。

くつもの丸い窓が開いている。

　内部空間をアーチで覆うことで天井の高さを確保し、利用者は開放的な気分で駅を利用することができる。また、窓から入ってきた自然光が曲面の天井を滑り降りてくることで、天候や季節によって様々な表情を見せてくれるというのも魅力のひとつだ。

　無機質になりがちな駅という空間を、光と伸びやかな壁で包みこむことによって明るく演出した、見事な建築である。


　最後に紹介したいのは、**木造のシェル構造**の建築だ。

　シェルといえば、先述の2つの建築や魔人ブウの家のような、つるんとしたかたちのイメージが強い。

　しかし前半にも書いた通り、シェルは素材ではなく、あくまで形状自体を指す言葉だ。そのため**板状や棒状の木材を組み合わせることでも、シェル構造は実現できる**のである！

　伊東豊雄《いとうとよお》設計の図書館**「ぎふメディアコスモス」**（次ページ図）は2階のうねるような形状の屋根に木造シェル構造が使われた建築だ。伊東氏は、26ページに登場した「せんだいメディアテーク」の設計も担当した建築家である。

※5　新白島駅は、シーラカンスアーキテクツとパシフィックコンサルタンツの共同設計。

ぎふメディアコスモス内観

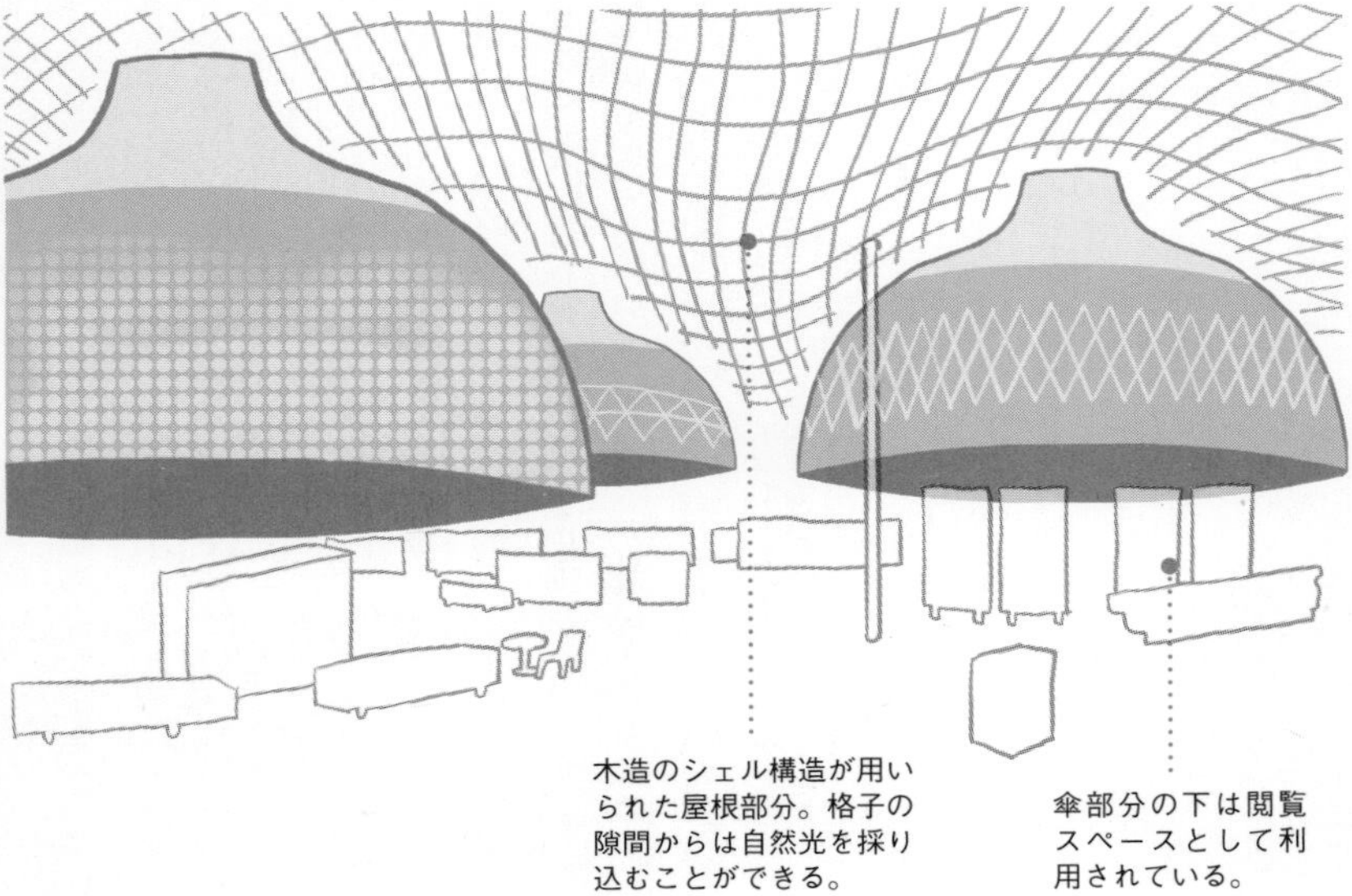
木造のシェル構造が用いられた屋根部分。格子の隙間からは自然光を採り込むことができる。
傘部分の下は閲覧スペースとして利用されている。

ぎふメディアコスモス断面図

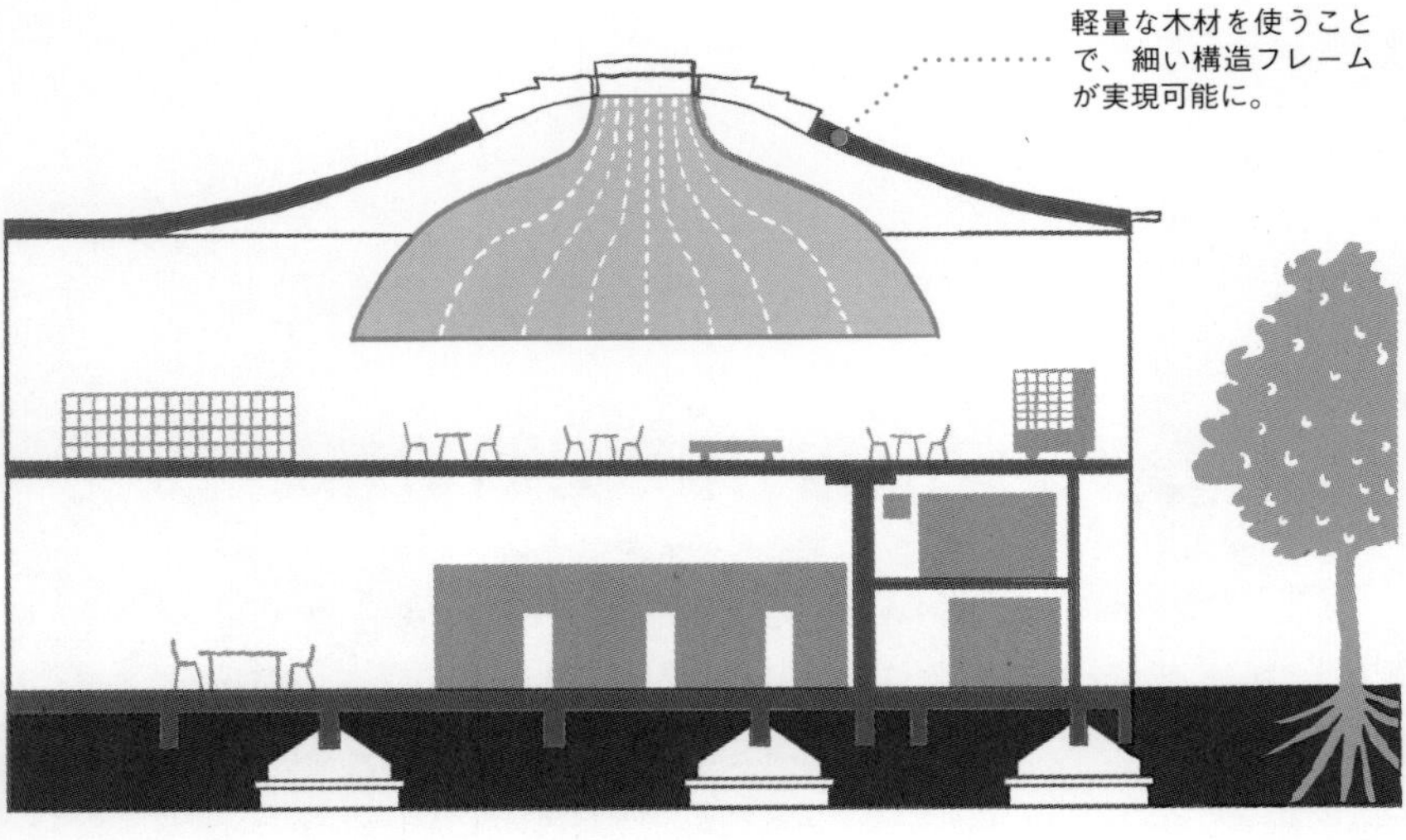
軽量な木材を使うことで、細い構造フレームが実現可能に。

三軸の格子状で組まれた屋根は、接着剤を使った集成材ではなく、住宅で使われる規格の小さな材を組み合わせて10層のレイヤーで作り上げられている。

さらに詳しく見ていくとシェルの厚みは一定ではなく、膨らみの高い部分は構造的な負荷が小さいため薄く、逆に低いところは負荷が大きいため厚くなっていることがわかる。

屋根の膨らんだ頂点の部分では、格子の隙間から自然光を取り入れることができ、シェルの厚みの変化とうねるようなかたちによって、**美しいグラデーションの明暗を生み出すことが可能**になっているのもポイントだ。

また、屋根に軽量な木材が使われていることで、館内の柱は細い鉄骨の柱で済ますことができ、内部空間は見事に軽快な印象が保たれている。

天井からはグローブと呼ばれる半球形の傘が吊り下げられており、図書館という公共性の高い場所において居心地の良い閲覧スペースが確保されている点にも注目したい。

「ぎふメディアコスモス」は、**部分的にシェル構造を取り入れることでさまざまな効果を生み出すことに成功**している、とても良い例なのである。※6

建築において何よりもまず求められるのは、安全性だ。いくらオシャレでかっこいい建物でも、利用者の安全が守れないのであれば建築としての

※6 ちなみに別項目で取り上げた「東京カテドラル」（122ページ）の垂直に伸びたファサードや、オーストラリア・シドニーにある「オペラハウス」の屋根部分にも、シェル構造は用いられている。

役目を果たせているとは言えない。

ただ、かと言って柱や梁を太くばかりしていては、凡庸で退屈な建築ができあがってしまうというのもまた事実だ。

合理的かつ美しいシェル構造は、そんな**建築のジレンマを上手く解消してくれる構造形式**なのである。

使う材料を減らすことで環境に配慮できたり、自重を軽くすることで耐震性の向上が図れたりと、そのメリットは挙げればキリがない！[※7]

最新のシェル構造技術！

魔人ブウの家でもうひとつ気になるのは、その施工方法である。

魔人ブウは人々を粘土に変えてこねこねし、たちまち家を完成させてしまう。非常にファンタジーな工事現場だが、では実際、ここまでに取り上げたような現実のシェル構造建築たちはどのように施工されているのだろうか？

豊島美術館は**盛り土をし、それを型枠にすることで、あの膨らみを作っている。**[※8] 一般的な鉄筋コンクリート造はコンパネと呼ばれる板材で型枠を

※7「ならばもっとシェル構造を使おう！」と言いたくなるが、ここである問題が発生する。コストの問題である。シェル構造を取り入れようとした途端、設計費、並びに施工費が跳ね上がってしまうのだ。シェル構造にはメリットが多い反面、綿密な設計や高い技術力がどうしても必要になってしまう。いかにコストを削減できるかが、建築におけるシェル構造の今後の課題になってくるだろう。これはこれで悩ましいジレンマだ……！

作るが、豊島美術館は3次曲面。コンパネでは板の継ぎ目が出てしまうことに加え、3次曲面の板を作るのは難しく、費用がかさんでしまう。

そこで安価かつ継ぎ目をなくすため、豊島美術館では盛り土をし、その土の山を重機で固め、盛り土の上に傷をつけないようにモルタルを塗り、型枠にしているのである。

ちなみにこの施工方法は、それまで前例のないものだったそうだ。豊島美術館がいかに挑戦的な設計だったかが覗えるエピソードである。もし実際に魔人ブウの家を作るとしたら、この方法を流用するのが最も現実的だろう。

また現在では、**建築用3Dプリンターでシェル構造を作る技術開発**も進められている。

一例として日本の大規模建設会社、いわゆるスーパーゼネコンと言われる大林組は、同社の技術開発研究所において、型枠を使わずにセメント系構造物を作ることができる大型3Dプリンターを開発したという。

通常、**コンクリートを使ってシェル構造の建築物を造る場合は、補強のために中に鉄筋を入れておく必要がある。**この工程を3Dプリンターで実現させるのが困難であるため、それまでは3Dプリンターの導入は難しいとされていた。

そこで大林組は技術研究の末、従来のような鉄筋ではなく**髪の毛のよう**

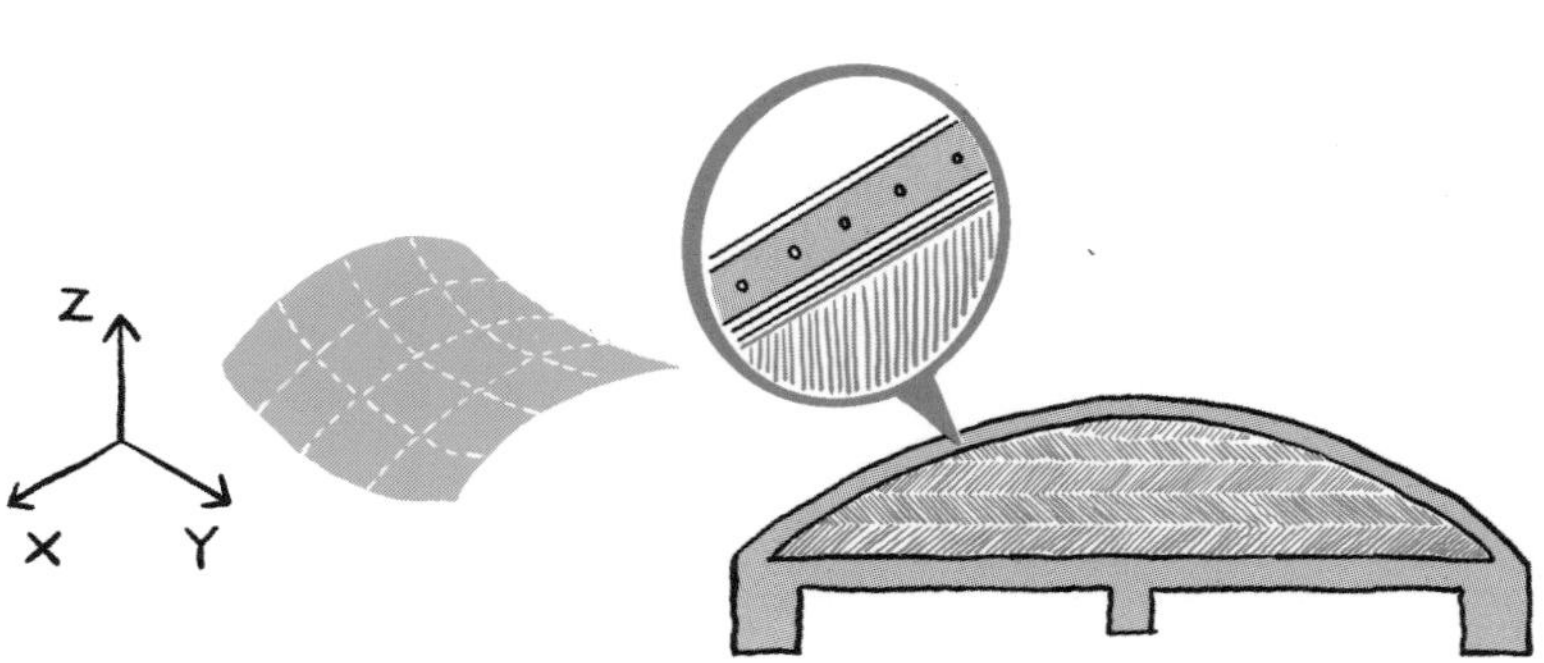

※8 豊島美術館の断面図。コンクリートの内側には鉄筋などが組み込まれている。

な細かな繊維で補強されたコンクリートを用いるというアイデアを採用。この試みが見事成功し、現在は普及に向けた活動が進んでいるようである。

鉄筋といえば、魔人ブウの家にも鉄筋がない。ブウはあくまで吐き出した粘土だけを使って建築を完成させてしまっているため、その点では３Ｄプリンターによるシェル構造物に非常に近いと言えるだろう。

その強度はブウのみぞ知ることだが、もし、あの家が鉄筋がなくても問題のない材料で作られているのだとすれば、現在の技術を持ってしても敵わない無敵の素材をブウは持っているということになる。

ブウの家には、まだ地球人が到達できていない未来がある……！

COLUMN_05

魔人ブウは名作家具の大ファン？

チューリップテーブル（左）とボールチェア（右）

魔人ブウ家のインテリアにも注目してみたい。実は彼の家に置いてある家具は、架空の存在ではないのだ！

　まずは部屋に置かれた机。これはおそらく、エーロ・サーリネンのデザインしたチューリップテーブルのデザインが引用されている。エーロ・サーリネンは、ジョン・Ｆ・ケネディ国際空港のＴＷＡターミナルビルなど、ＲＣシェル構造の名建築を残し、流れるような曲線を用いたデザインで一世を風靡した建築家・家具デザイナーである。

　天板の下でテーブルの脚と椅子の脚が煩雑に並んでしまっていること（本人は「スラムみたいだ」と評している）に注目したサーリネンは、小さい円形の台から立ち上がる細い脚が曲線を描きながら天板へと広がるデザインを採用することで、その問題を解決したのである。さすがはシェル構造好きな魔人ブウ。テーブルにもシェル構造の血が流れている。

　また、魔人ブウのベッドは、エーロ・アールニオのボールチェアにそっくりだ。ボールチェアは、ボールの一部を切り取ってベースに載せるだけという、シンプルかつ斬新なアイデアによって発明されたデザイン。まるで小さな部屋のようなその形は遮音性が高く、ケネディ空港のバージン航空・ファーストクラスのロビーにも採用されている。

　魔人ブウが鼻ちょうちんを作って寝てしまっているのもうなずける居心地の良さなのである。

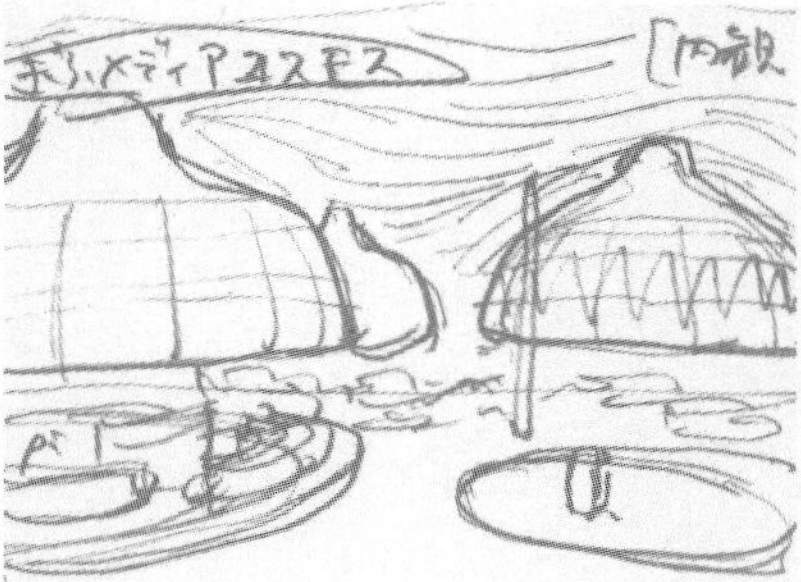
ぎふメディアコスモス
[内観

No.006

千と千尋の神隠し

湯婆婆の空間デザインセンス！油屋に学ぶ「抜け」のテクニック

スタジオジブリ制作の映画作品。公開は 2001 年、原作・脚本・監督は宮崎駿が務めた。10 歳の少女・千尋が体験する不思議な冒険を描く本作は日本歴代興行収入第 1 位を達成し、社会現象と言われるほどの人気を博した。

建築の「抜け感」

『千と千尋の神隠し』といえば、スタジオジブリ作品のなかでもトップの興行収入を誇る人気作品だ。公開当時私は小学生だったが、クラス中のみんなが「ア…ア……」とカオナシのモノマネをしていたのがとても印象深い。

社会現象と言えるほど大きな影響を与えたこの作品の中でひときわ目を引くのは、やはり**「油屋」**の存在だ。油屋は神々が体を癒すためにやってくる湯屋で、作中でも多くのシーンは、この建物を中心に展開される。

正面は鮮やかな赤や金で彩られた煌《きら》びやかな和風の外観である一方、海に面した従業員用の宿舎は質素な木造にトタン屋根が乗せられ、まるでバラック[※1]のような様相。

屋上には洋風の塔も見え、海面の近くは水対策のためかコンクリートで無骨な造りになっているなど、様々な建築様式がコラージュされた複雑な建築である。

その特徴的な構成も面白いが、本項では作中、舞台装置として重要な役

※1 ありあわせの材料を用いて一時しのぎで建てられた、仮設の小屋。

油屋外観

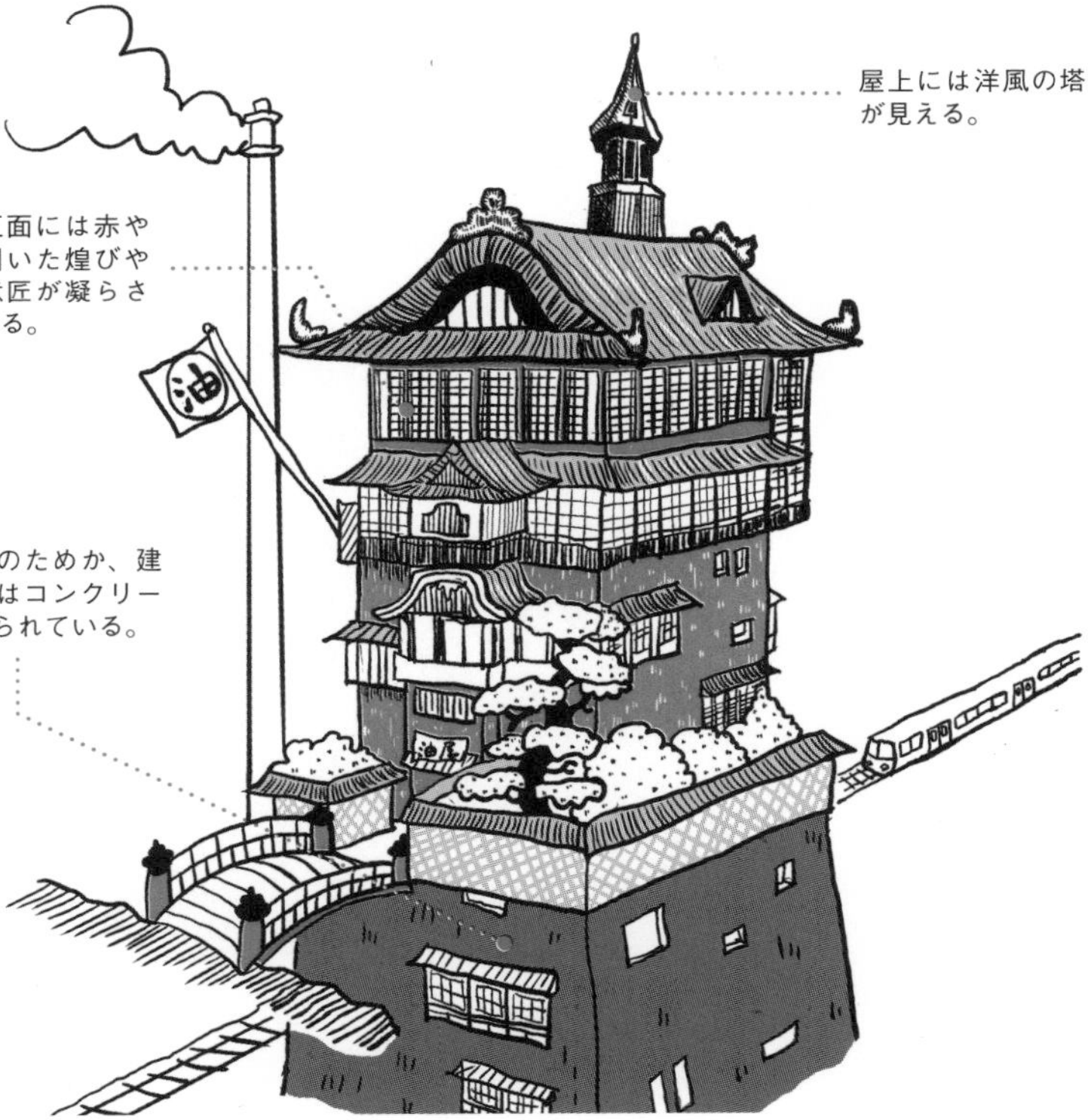
屋上には洋風の塔
が見える。
建物正面には赤や
金を用いた煌びや
かな意匠が凝らさ
れている。
油
海水対策のためか、建
物下部にはコンクリー
トが用いられている。
油屋

正面とは異なり、海に面
した宿舎は質素な造り。

割を果たしているとある空間構成について注目したい。

その名も**「ボイド」**である。

ボイドとは、**空間の「抜け」を指す言葉**だ。日本語では「吹き抜け」という意味で使われることも多い。床に穴を開けて空間を通すことで、開放感を出したり広がりを演出したりするボイドは、住宅からショッピングモールまで、幅広く用いられているテクニックである。

ただの吹き抜けと言ってしまえばそれまでかもしれないが、実はボイドという言葉はもっと多くの意味や効果を含んでいる。機能的な面はもちろん、建物自体の余白、つまり**空間づくりを考えるにあたって欠かすことのできない存在**なのだ。

体験をデザインするボイド

まずはボイドの機能面について見ていこう。

ボイドは、建物内における「体験」を作り出すことができる。体験を作るということは、**利用者の動線をデザインする**ということだ。

階段やエレベーターを想像していただけるとわかりやすいだろう。建築

※2 油屋の吹き抜け

において縦移動を可能にするのは、床の穴、つまりボイドである。このように、階段やエレベーターを設置するために床に開けられた穴も、ある種のボイドと呼ぶことができる。

ショッピングモールなど縦移動が頻繁に行われる建物では、これらのボイドと吹き抜けを組み合わせて「抜け」のある空間が演出されていることが多い。それこそ油屋の造りも、その一種と言える。

油屋がスタンダードなボイド（＝吹き抜け）空間[※2]だとすると、そこにさらにひと工夫を加えることで、よりダイナミックかつ連続性のある動線を作り出すことができる。

例として**「表参道ヒルズ」**の空間づくりを見てみよう。

表参道ヒルズは２００６年、東京都渋谷区に開業した商業施設。設計は世界的に有名な建築家、安藤忠雄氏[※3]である。その特徴は地上3階、地下3階の合わせて6層を貫く吹き抜け空間と、それを取り囲むように張り巡らされた螺旋状のスロープだ。[※4]

表参道ヒルズはその名の通り表参道の坂道の途中に建っており、**施設内のスロープはこの坂道の傾斜に合わせるようにして設計されている。**何気なく利用していると気づきにくいかもしれないが、実はこれ、めちゃくちゃすごいテクニックだ。

どういうことかと言うと、例えば表参道でウィンドウショッピングを楽

※3 安藤忠雄（1941－）は大阪生まれの建築家。世界各国を旅したのち、独学で建築を学ぶという異色の経歴を持つことでも知られている。「住吉の長屋」や「光の教会」といったコンクリートを用いた直線的で力強い作品が特徴で、世界的な評価も高いレジェンドのひとりである。〝安易な便利さ〟を削ぎ落としたストイックな住吉の長屋は、「建築とは何か？」「暮らしとは何か？」という問いかけを孕んでおり、多くの建築家に衝撃を与えた。

しみながら、その足でヒルズに足を踏み入れたとする。

すると、表参道の坂道とヒルズ内のスロープが連続性を持っているため、外での買い物と施設内での買い物が途切れることなく続いているように感じることができるのだ。

街に「建っている」のではなく、**街の一部としてそこに溶け込んでいる**ように感じる商業施設。この特異な体験は、ボイドとスロープを用いた緻密な施設設計のなせる技である。

加えて、ボイドの形が三角形に近い台形にデザインされているのもポイントだ。奥に向かって伸びるスロープがまるで集中線のような役割を果たし、迫力のある空間を演出しているのである。よくある四角形のボイドだと、ここまで印象的な空間にはならない。

ニューヨークにある**「ソロモン・R・グッゲンハイム美術館」**[※5]も、同じように効果的なボイド使いをしている建築物である。

1959年に開館したこの美術館は、アメリカの建築家で、近代建築の三大巨匠[※6]のひとりとも言われるフランク・ロイド・ライトの設計によるもの。世界遺産リスト登録物件の「フランク・ロイド・ライトの20世紀建築作品群」の構成資産のひとつでもある。

中央には大きなボイドがあり、その周囲をくるくると螺旋状のスロープが7階まで伸びている。ボイドの中央上部には12角形のドーム型の天窓が

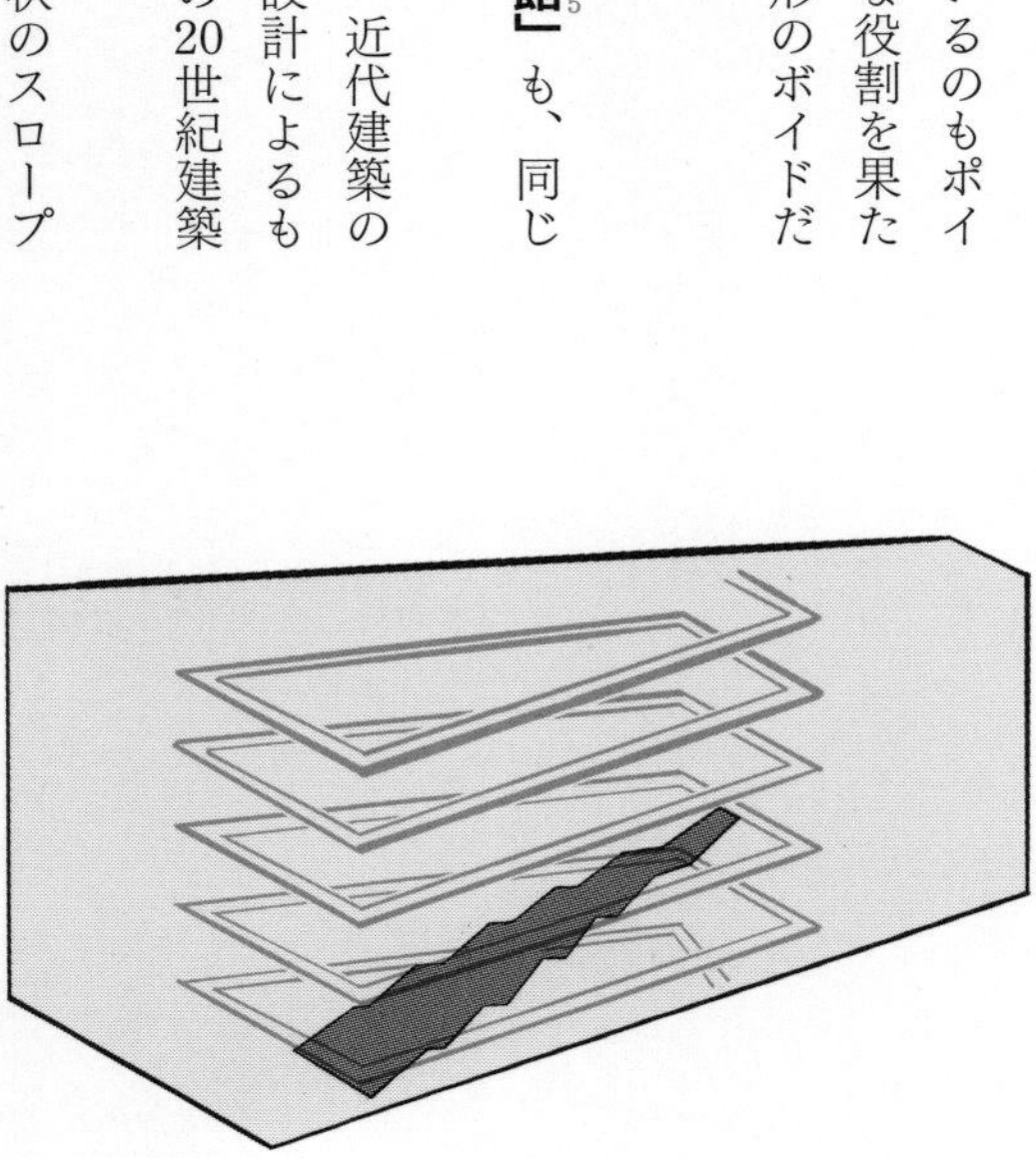

※4 表参道ヒルズのスパイラルスロープ

設けられ、そこから降り注いだ自然光が内部空間を光で満たす――。

この美しい空間において、ボイドとスロープによって鑑賞者の動線は見事に設計されている。他の美術館では見られない、独自の鑑賞体験をすることができるのだ。

多くの場合、美術館や展覧会の会場には順路が設けられており、会場内を一筆書きするように進めば展示物を網羅できるようになっている。グッゲンハイム美術館もそのセオリー自体は踏襲しているのだが、ありきたりな鑑賞体験に留まらないひと工夫が、そこには加えられている。

グッゲンハイム美術館の来場者はまず、エレベーターで最上階まで上がるよう誘導される。その後壁面に展示された作品を見ながらスロープを降り、最後には自然と1階に戻ってきているというわけだ。

この一連の鑑賞順路において、中央にはずっと大きなボイドが存在していることになる。つまり**鑑賞者は「自分が今何合目にいるのか」という情報も常に把握しつつ、鑑賞することができる**のだ。

閉鎖的になりがちな美術館という場所にまさしく〝風穴〟を空けた、非常に斬新な空間づくりである。[※7]

「体験をデザインする」ことに関連して言うと、人の行動や心理に適した建物を計画するために、フィールドワークや行動調査などの研究を行う

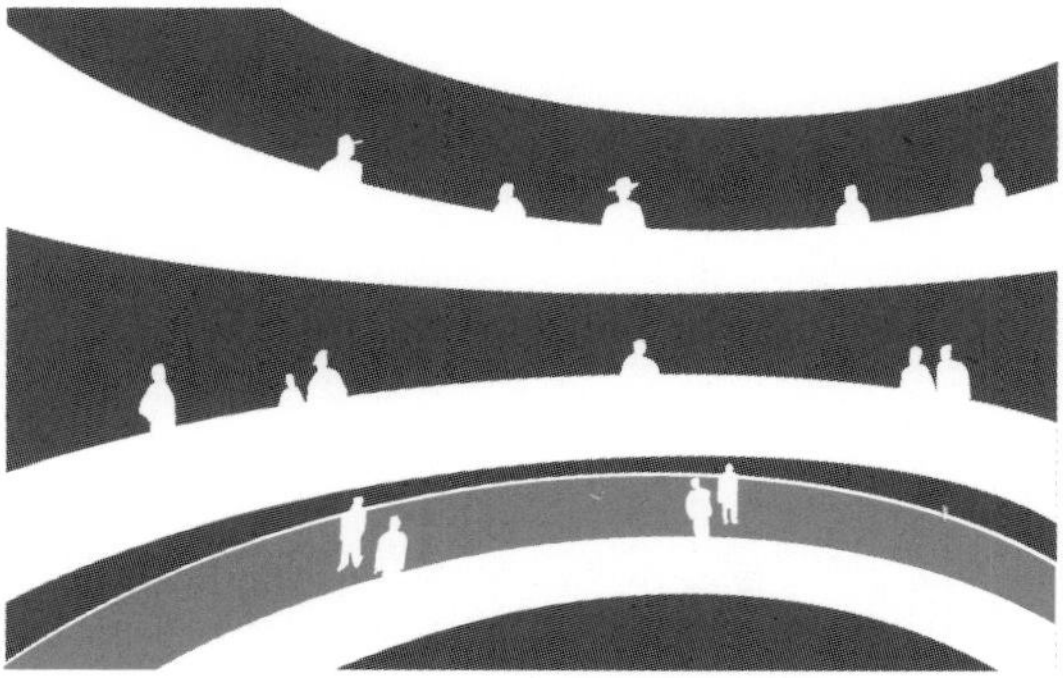

※5 ソロモン・R・グッゲンハイム美術館

※6 ちなみに他2人は、本書にも登場したル・コルビュジエ（16ページ）とミース・ファン・デル・ローエ（170ページ）だ。

「建築計画学」という分野が存在する。一般的にイメージされる「建築家」の仕事とは少し異なるが、建築設計に大きく関連する分野だ。病院や図書館、美術館など、大勢が利用する建築物を考えてみるとわかりやすいだろう。

このような施設は、利用する人数や開かれるイベントの規模、スタッフの動線の整理まで、人間や物の動きをすべて考慮に入れて綿密に計画しておく必要がある。そこで役に立つのが、建築計画学というわけだ。地味かもしれないが、非常に重要な仕事である。

建築家というと、カッコいいデザインを次々と発表する華やかな職業をイメージされるかもしれない。しかしその裏では、建築計画のスペシャリストや、構造の専門家、優れた施工業者などとの地道で緻密な検討を積み重ねているのだ。[※8]

ひとりの思いつきやセンスだけでは、建築物は到底完成しないのである。

建物を貫くボイド

次は、ボイドを使ったデザインの魅力についてご紹介しよう。

まず油屋のボイドを見てみると、吹き抜け部分に橋がかかっており、1

※7 今となってはマンハッタンの名所のひとつであり、疑いようのない傑作としての評価を得たが、建設時には、新聞やラジオでも賛否両論の激しい議論が交わされ、画家たちによる多数の反対の署名が集められるなどした。

※8 特に複雑な構造をしたトリッキーな建築の場合、綿密な打ち合わせは必要不可欠だ。建築家の無理難題に構造家がいつも頭を抱えている……といったケースも少なくない。ちなみに発泡スチロールの模型で建築を再現する場合は、当然絶妙なバランスで成り立った建築ほど作るのが難しい。これはその建築が「この土地に」「この素材で」「こういった工法で」といったギリギリの条件で成り立っていることの証拠である。建築学生なら誰もが経験するあるあるだ。

階はなんと一面が浴場になっているのがわかる。

丸い湯船がいくつも並んでいるのが丸見えで、人間界の銭湯ではプライバシーの問題から実現が難しそうな思い切った構成だ。

油屋はこの吹き抜けにより、上階の宴会場からは湯船に浸かっている神々の姿が見え、ボイドを通してその湯気が橋のかかった空間に立ち上ってくるという、神秘的な雰囲気をまとっている。

このようにボイドを使った空間づくりは、そのダイナミックな形状によって様々な効果を演出することができる。

ボイドというのは冒頭にも書いた通り、単に「吹き抜け」だけを指す言葉ではない。つまり**壁や天井にだって、大胆に穴を開けることは可能なのだ！**

建築という大きなかたまりを貫く穴。そんなぶっ飛んだ発想を形にした驚くべき建築が、現実に存在する。

例えば、台湾は台中《たいちゅう》にある**「台中オペラハウス」**（次ページ図）を見てみよう。こちらは早くも3度目の登場、「せんだいメディアテーク」や「ぎふメディアコスモス」でお馴染みの伊東豊雄氏による設計である。

一見して目を引くのは、真ん中がくびれた特徴的なボイドだ。

その反復が生み出す独特の外観が印象的な台中オペラハウスだが、よく

台中オペラハウス断面図

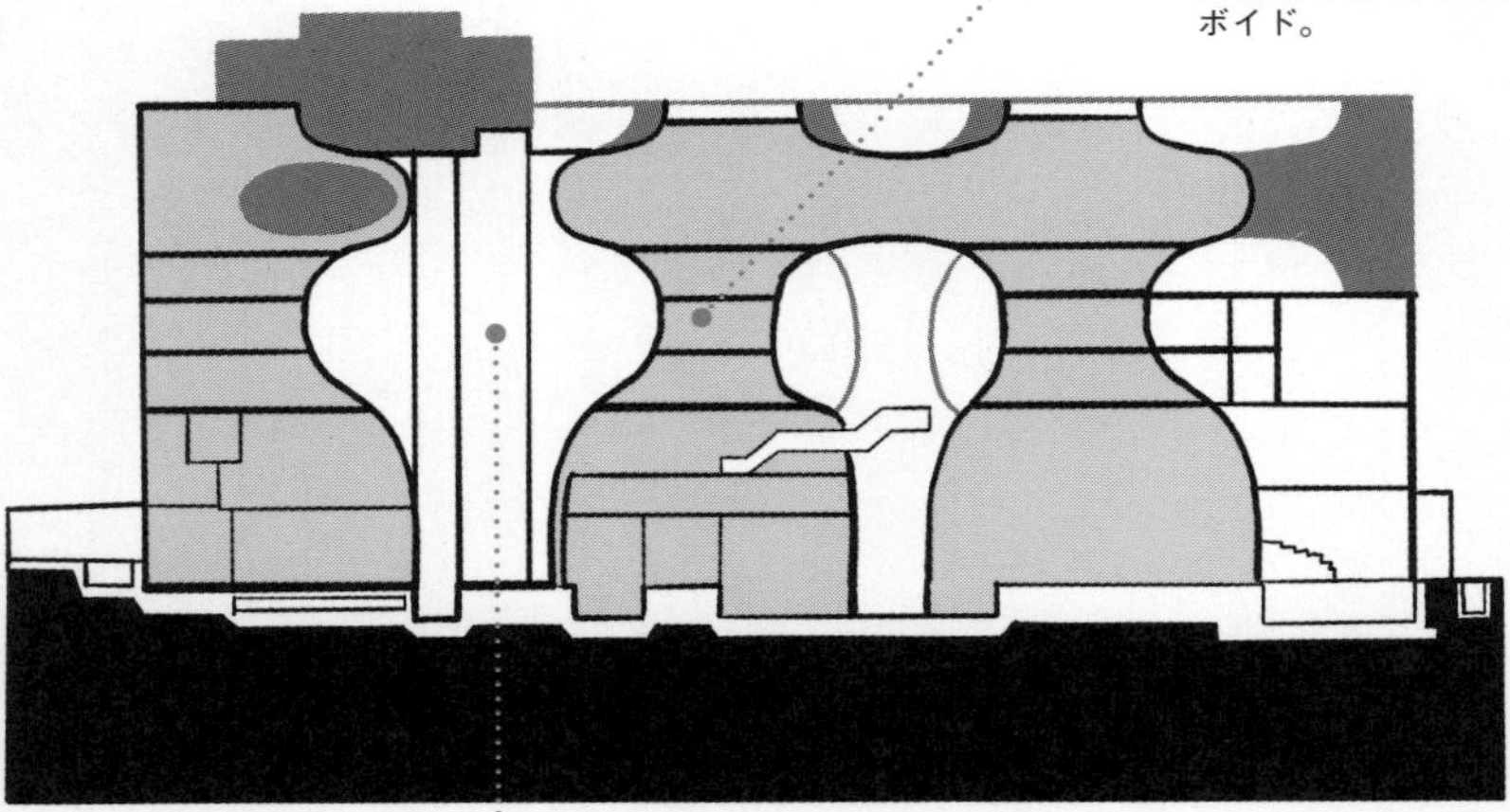
真ん中がくびれた、
特徴的な形をした
ボイド。
一部の空洞部分には
ガラスがはめこまれ
ている。

台中オペラハウス内観

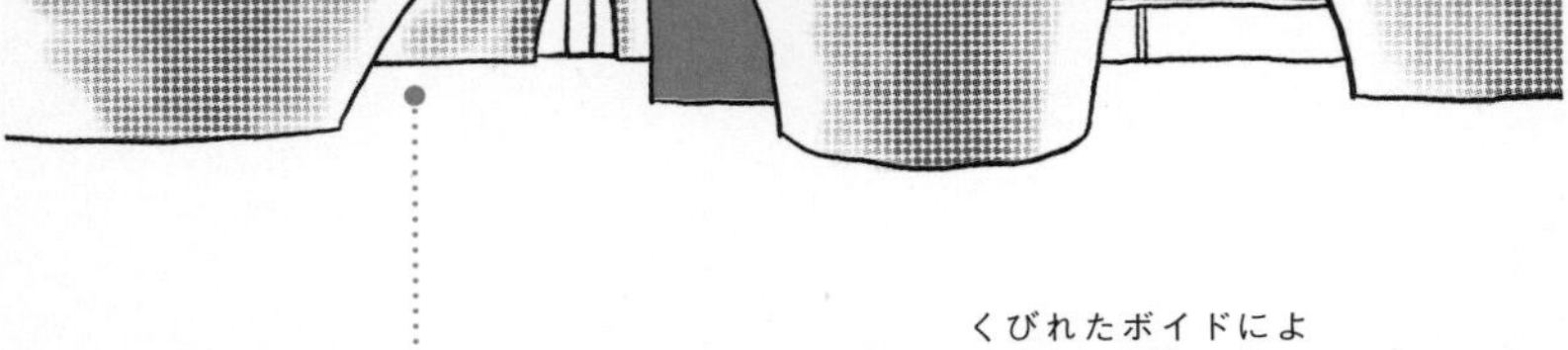
くびれたボイドによ
る独特の内部空間で
は、床や壁が連続し
ている。

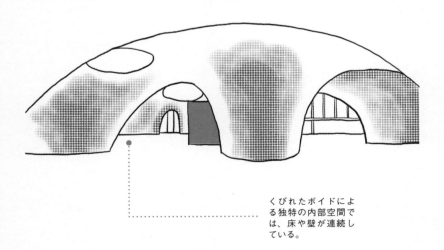

見ると空洞部分にはガラスがはめられていたり、あるいはそのまま空洞として外観を形作っている箇所もある。

断面図を確認してみると、なめらかな曲線は建築内部を貫き、壁として機能しているかと思えば、壁はそのまま床となり、どこまでが壁でどこまでが床なのか、その境界線がわからなくなってくる。

ツルツルと連続して奥に伸びていくボイド空間は、**独特の広がりと神秘性を感じさせる造り**だ。

伊東によればこの建築は、内向性の追求がひとつのテーマになっているらしい。胃カメラさながらの動きでクネクネと身体の内部へ入っていくような、不思議な感覚を思い起こさせるデザインである。

もうひとつ、より思い切ったボイドが空いている事例をみてみよう。

オランダのロッテルダムに拠点を置く設計事務所、OMA（Office for Metropolitan Architecture）による**「中国中央電視台本部ビル」**（次ページ図）である。

ちなみにOMA所長のレム・コールハース氏[※9]は、『錯乱のニューヨーク』や『S，M，L，XL』などの著作で建築界に大きな影響を与えた人物としてもよく知られている。

一見しただけでインパクト大なこのビルは、3つのL字が角度を変えながら空中で連結され、角ばったドーナツのような形をしている。

※9　1944年、オランダ生まれ。世界各国に移り住みながらジャーナリスト・劇作家として活躍。その後に建築の道に進むという、珍しい経歴の持ち主である。社会学的なアプローチで建築と向き合う人物としてよく知られている。

中国中央電視台本部ビル

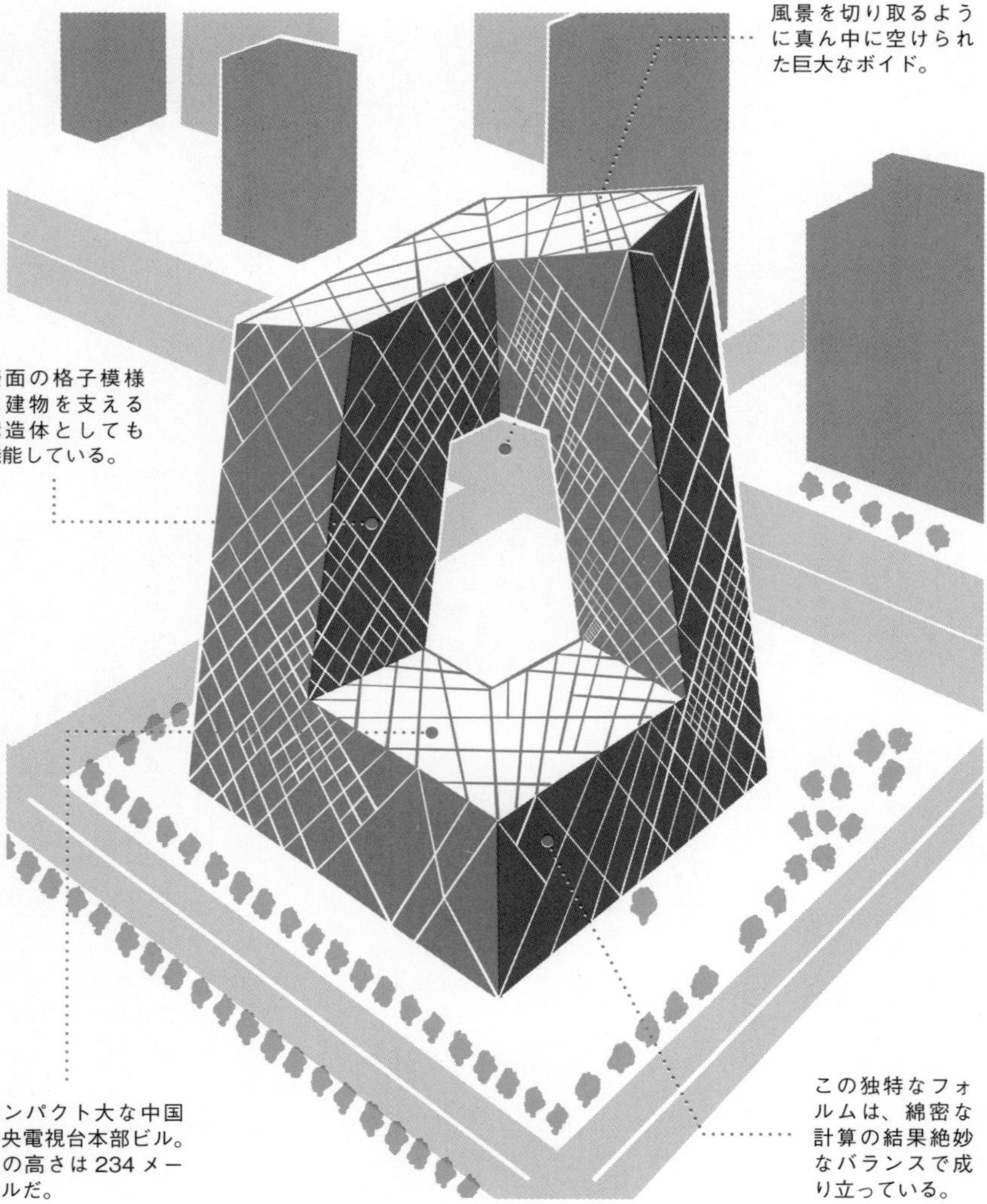
風景を切り取るように真ん中に空けられた巨大なボイド。
表面の格子模様は建物を支える構造体としても機能している。
インパクト大な中国中央電視台本部ビル。その高さは234メートルだ。
この独特なフォルムは、綿密な計算の結果絶妙なバランスで成り立っている。

真ん中に空いた空洞は、まるで巨大な額縁だ。

切り取った空間をそのまま建物の一部として取り込んでしまうような、圧倒的な存在感を放っている。

さらに**表面を覆う格子状の模様は、実はただの飾りではない**。全体を支える構造体として、しっかりと機能しているのだ！

建築業界では昔から、**「良い建築とは、用・構・美が揃ったものだ」**と言われている。これはつまり、建築の用途が無理のない構造で実現され、さらに美しさも損なわれていない、という意味である。

独特なフォルムを支えるために、マス目の大きさや角度を変えながら構造体を走らせ、さらにそれらは幾何学的な美しさの表現にも一役買っている――。

中国中央電視台本部ビルはまさしく、用・構・美が揃った素晴らしい建築である。※10

ちなみにレム・コールハース氏によれば、中国中央電視台本部ビルのデザインには「従来の高層建築のイメージを覆したい」という意図が込められているという。

行き過ぎた資本主義に対し批判的な立場をとっていたレム氏は、**一般的な「高層」や「低層」という言葉では表すことができない、まったく新しい形態**を目指したのだ。

※10 設計事務所・OMAを立ち上げたレムは、その設計に関するリサーチ部門である研究機関・AMOも設立。こちらの所長も務めている。インパクト大な作風とは裏腹に、レムは綿密なリサーチから設計を作り込んでいくタイプの建築家なのだ。このような形態で設計を手掛ける事務所は、世界的に見ても珍しい。

さて、ここまで様々なバリエーションのデザインを見てきたが、油屋のようなクラシカルな吹き抜けから、建物を貫通する巨大な「穴」に至るまで、ひと言で「ボイド」と言っても多種多様の使い方があることがわかっていただけたのではないだろうか。

そして現在、ボイドは建築界のとある潮流において非常に効果的な手法としてよく用いられている。

その「とある潮流」とは、**「リノベーション」**だ。

リノベーションとボイド

近年、戦後や高度経済成長期に作られた多くの建築が改修の時期を迎えている。その影響もあり、ひと昔前までは建築家といえば新築の仕事が当たり前だったが、昨今はリノベーションを手がける仕事も多い。

そんな**リノベーションの分野で大活躍しているのが、ボイドだ。**

吹き抜けを作ることは、床面積を減らすことでもある。

建築業界には**「減築《げんちく》」**という言葉があり、減築は空間に抜け感を作るだけでなく、採光をよくしたり、耐震性を向上させるといった効果もある。こういったたくさんのメリットが、ボイドがよく用いられる要因になっているのだ。

現代のニーズに合わせ、ボイドが効果的に取り入れられた気持ちのいい建築はたくさん存在する。

「永山祐子建築設計」による**「木屋旅館」**[※11]は、その代表的な例だ。

明治44年に創業したこの旅館は愛媛県宇和島市に位置し、政治家や言語学者など、多くの著名人が宿泊した歴史をもつ宿泊施設である。一度廃業したのちにリノベーションが行われ、現在では1組限定の貸し切りで滞在することができる。

特徴はなんと言っても、床の一部がアクリル板に交換された抜けのある空間だ。

歴史ある木造建築に透明な床が挿入されることで梁が露わになり、下階が見通せるようになっている。日常的な落ち着きと非日常的な開放感がミックスされた、ユニークなデザインである。

永山氏によれば、すでに長い時間の蓄積があるこの木屋旅館に、何かを加えるのではなく、引き算することで新しい魅力が引き出せるのではないかと考えたのだという。

※11 木屋旅館。床（色付部分）がアクリル板になっており、独特の浮遊感を演出している。

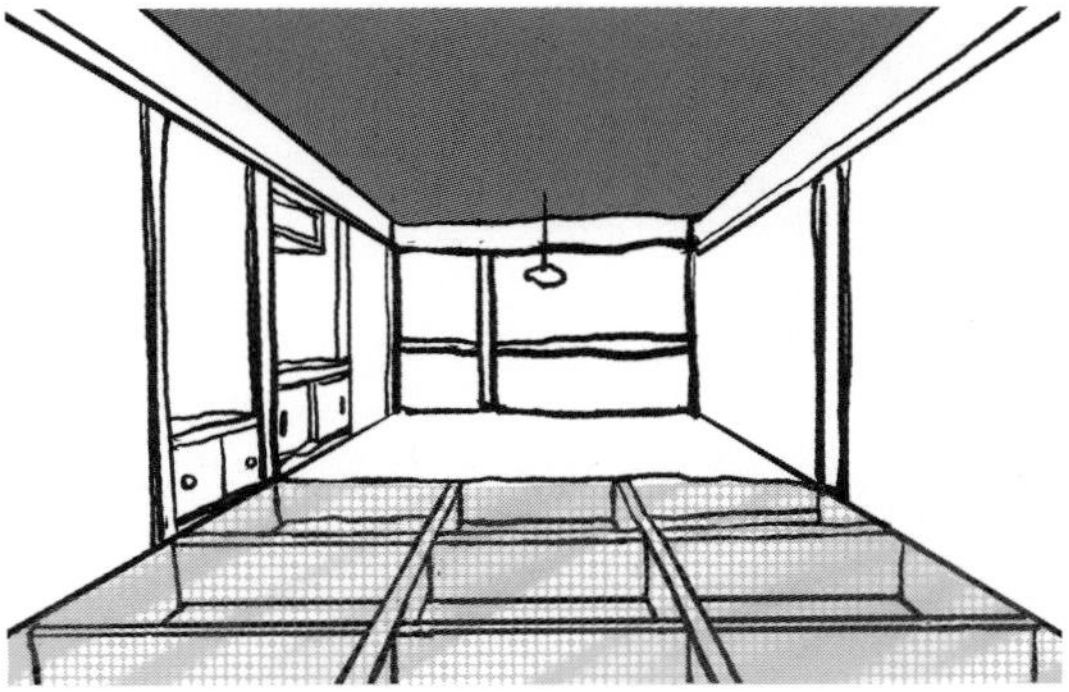

藤本壮介氏によるリノベーション事例、群馬県前橋市にある**「SHIROIYA HOTEL／白井屋ホテル」**[※12]もまた面白い空間だ。

藤本氏といえば、２０２５年の大阪・関西万博の会場デザインプロデューサーを担当することでも注目されている建築家である。

穴の開いた箱が入れ子状に重なった「House N」、樹木のようにバルコニーが飛び出したモンペリエの集合住宅「L'Arbre blanc」など、自然から着想を得たオリジナリティのあるデザインが藤本氏の持ち味だ。

もともと江戸時代に創業された白井屋旅館はのちにホテル仕様に再建され、２００８年に一度廃業。その後前橋市の活性化活動の一環として多くのアーティストが関わり、リノベーションされたのが現在の白井屋ホテルである。

元からあった柱と梁を残して床を抜くことで生まれた4層の吹き抜けには光が降り注ぎ、アルゼンチンのアーティスト、レアンドロ・エルリッヒ[※13]のインスタレーション「Lighting Pipes」が空間に張り巡らされている。**豊かな緑、むき出しの骨組みとパイプが絡み合う空間**は、それを見るためだけに宿泊する価値がある美しさである。

事実、白井屋ホテルは観光客から高い人気を獲得しており、建築物そのものはもちろん、街そのものにまで新しい命と活気を与えた、理想的なリノベーション建築だ。

※12 白井屋ホテル

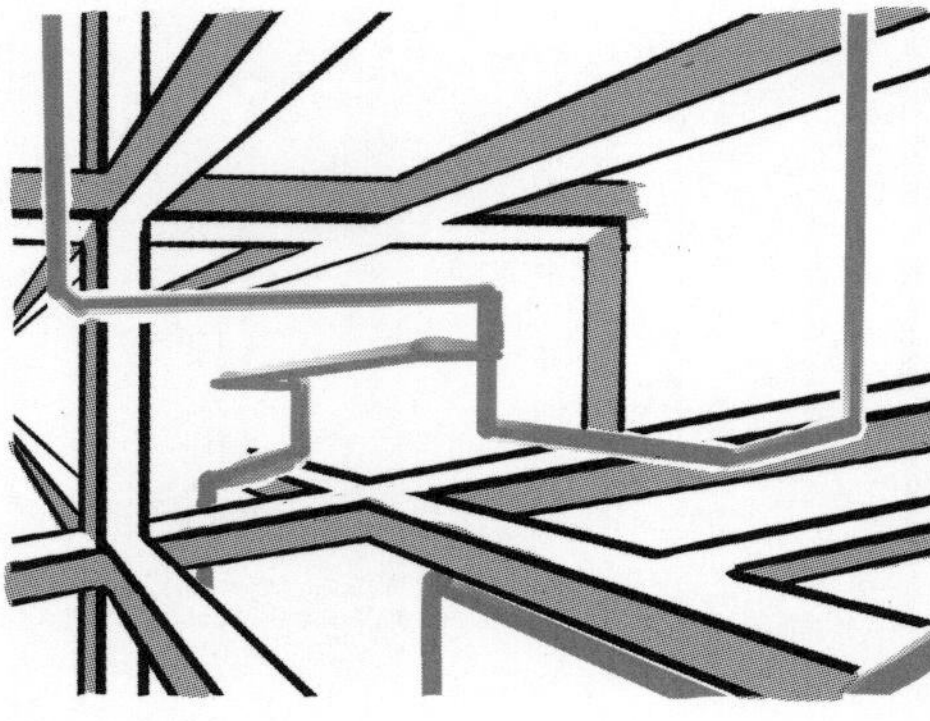

※13 レアンドロ・エルリッヒ（1973－）は、金沢21世紀美術館にある「スイミング・プール」という作品でもよく知られている。

藤本氏はこの吹き抜け空間を〝「街の部屋」のような広場である〟とし、植物やアートに囲まれながら、さまざまな人々が出会うことが意図されている。

旅館ではなく、もっと気軽に足を運べる場所で言えば、スイスの建築家ユニット「ヘルツォーク＆ド・ムーロン（H&deM）」による**「UNIQLO TOKYO」**[※14]もまた素晴らしい。

UNIQLO TOKYOは東京都中央区にあり、1984年に建設された商業施設「マロニエゲート銀座2」の中に位置している。

注目したいのは、床を抜き、4層吹き抜けになったエスカレーター横の空間だ。梁の底面に鏡が貼られることで内観が写り込み、実際の広がり以上に複雑で連続した印象を与えている。

また一方で、むき出しになったコンクリートの骨組みは建物の歴史を感じさせ、改修した部分との程よいコントラストを作り出している。

かつてこういった商業施設は売り場面積を最大化することが優先されるあまり、閉鎖的な空間になってしまうことが多かった。

そこに効果的な減築が施されることにより、UNIQLO TOKYOは多くの人が集まりやすい、オシャレで開放的なショッピングビルへと生まれ変わっている。ネット通販の台頭により、**〝店舗でしかできない体験〟**に価

※14 UNIQLO TOKYO。床のあった場所（点線部分）にボイドが用いられている。

値が置かれるようになった現代にぴったりの事例である。

このように次々と成功事例を見ていると、「リノベ最高！」「どんどんやろう！」と言いたくもなるが、実際はそこまで単純なものでもない。いざリノベに踏み切ろうとすると、

「残ってた図面がテキトーすぎる」

「老朽化が進みすぎて手がつけられない！」

といった問題が次から次へと発生するのが、建築業界の常なのだ。

良いことずくめに見えるリノベにも、実はそれなりの苦労が存在するのである。

油屋の造りがリノベーションによるものかは不明だが、海に面した従業員の下宿部分や、上階の湯婆婆の部屋など、全体的に増改築を繰り返しているように見える。

ということは、湯婆婆も油屋が大きくなるにつれてたくさん苦労を……と思いかけたが、彼女は魔法が使えることを忘れていた。

好き勝手に建物を増改築できるなんて、建築家からしたら夢のような能力である。

なんて羨ましいんだ、湯婆婆！

COLUMN_06

引き立たせ役も建築の美学

草間彌生『南瓜』

ボイドが作り出す大きな空白は、時にアート作品が展示される空間となる。

かつては百貨店にある画廊がアートの取引の場所として大きな市場を占めていたように、商業施設とアートとの繋がりは深い。

2017年に開業した商業施設「銀座SIX」では、中央の吹き抜けにアート作品が展示されている。開店時には、草間彌生による『南瓜』が展示され、紅白の14個のカボチャの風船は天井から吊り下げられた。

その後はダニエル・ビュレン、塩田千春、吉岡徳仁、名和晃平、ジャン・ジュリアンなど著名な作家によるアート作品が展示されている。

吹き抜けを囲む廊下や階段は、立体作品やインスタレーションを作品をさまざまな角度から鑑賞するのに都合がいい。

建築は、アート作品や商業施設と協力し、時に共犯関係を結びながら、人や都市にアプローチをすることができる分野だ。

そういった空間づくり、言い方を変えれば「引き立たせ役」を担うことができるのも、建築が持つ特性のひとつだと言えるだろう。

人々の生活に密着した分野だからこそ、建築はさまざまな形で人と関わることができるのだ。

台中オペラハウス
パース

No.007

呪術廻戦

建築史に残る大論争！
呪術高専のデザインは日本的…？

『週刊少年ジャンプ』にて2018年から連載中のマンガ作品。作者は芥見下々。呪術を使い呪霊を祓う「呪術師」たちの闘いを描いたダークファンタジー。2020年からアニメ作品もスタートし、さらなる人気を博している。

伝統論争と世界の丹下

「日本らしい建築とは何か？」
と聞かれたら、あなたはどんな建築を思い浮かべるだろうか？
伝統的な日本家屋や、寺社仏閣……。多くの人は、こういった建物をイメージするだろう。もちろんそれも間違いではないが、歴史を紐解けばそれらの「伝統的」な建築物でさえ、古代中国や西洋の影響を受けながら成熟していった文化である。

では、**真の意味で日本的な建築とはどんなものなのだろうか？** 残念ながら、その答えを明確に出すことはできない。「帝冠様式」（33ページ）でも少し触れた通り、建築における「日本らしさ」については長い間議論されており、今もなお多くの建築家や評論家がその答えに辿り着くために試行錯誤を続けている。いわば**建築界の永遠のテーマ**となっているのだ。

ただ、答えが出ないのはなにも悪いことではない。「日本らしさ」を追い求めるなかで多くの重要な手法や建築家が誕生し、ある種この問いがあったおかげで日本の建築シーンは進化を続けていると言っても過言ではないのである。

本項では、そんな「日本らしさ」についての議論の中でも特に重要な「伝統論争」と呼ばれる論争と、その中心人物であった**レジェンド建築家・丹《たん》下《げ》健三《けんぞう》**についてご紹介したい。

参照したいのは、大人気作品『呪術廻戦』に登場する東京都立呪術高等専門学校、通称**「呪術高専」**だ。一見よくある木造建築かと思いきや、この建造物には日本らしさを考えるにあたって重要なギミックがたくさん詰まっている。

さっそく見ていこう！

呪術高専は弥生的…？

まず、伝統論争の概要について説明しよう。

この論争が起きたのは１９５５年。時期で言うと、帝冠様式の誕生よりも20年ほど後のことだ。「日本らしさ」についていかに長らく、そして尽きない議論が続けられていたかが窺える。

論争が起きるきっかけとなったのは、今も続く建築雑誌『新建築』（55年1月号）に寄せられた建築家・丹下健三による論考「近代建築をいかに理解するか」というテキストだった。

丹下については後に詳しく触れるが、日本、もっと言えば世界の建築を語るうえで避けては通れない存在である。

この論考で**丹下が投げかけた「伝統とはなにか?」という問い**が、日本建築界全体を巻き込んだ大きな論争に進展していったというわけだ。

丹下が主張したことは、大きく2つに分けられる。

・**建築は機能だけを追い求めるのではなく、きちんと伝統を受け継いで進化すべき**
・**かといって伝統をそのまま取り入れるのではなく、現代風に解釈することが必要**

では丹下の言う「伝統」とはどんなものか?

「呪術高専」を参照しつつ、これを考えていこう。

呪術高専を見てみると、繊細な木架構[※1]や入母屋などの屋根で構成されており、力強さというよりは繊細さを意識した意匠になっていることがわかる。実在する建築で言うと、桂離宮や清水寺に近いイメージだ。

丹下はこのように、**スマートで明るい性質を持った要素を「伝統」として捉え、**自身が手がけるモダニズム建築のなかに取り入れていった。

この丹下の考えに対抗したのが、建築家・白井《しらい》晟一《せいいち》だ。

彼は論考「縄文的なるもの」のなかで、丹下が言うような伝統は貴族文

※1 木架構とは、木を組んで建物を一部持ち上げ、高低差を解消する工法。清水寺などで用いられている。入母屋（いりもや）は、屋根の形式のひとつ。日本建築には屋根によって家主の格式を表す文化があり、入母屋はその中でも最上位のものだとされている。日本建築には、このような独特の〝作法〟が多数存在している。

呪術高専

呪術高専の造りは、
全体的に繊細な印象
を与える。

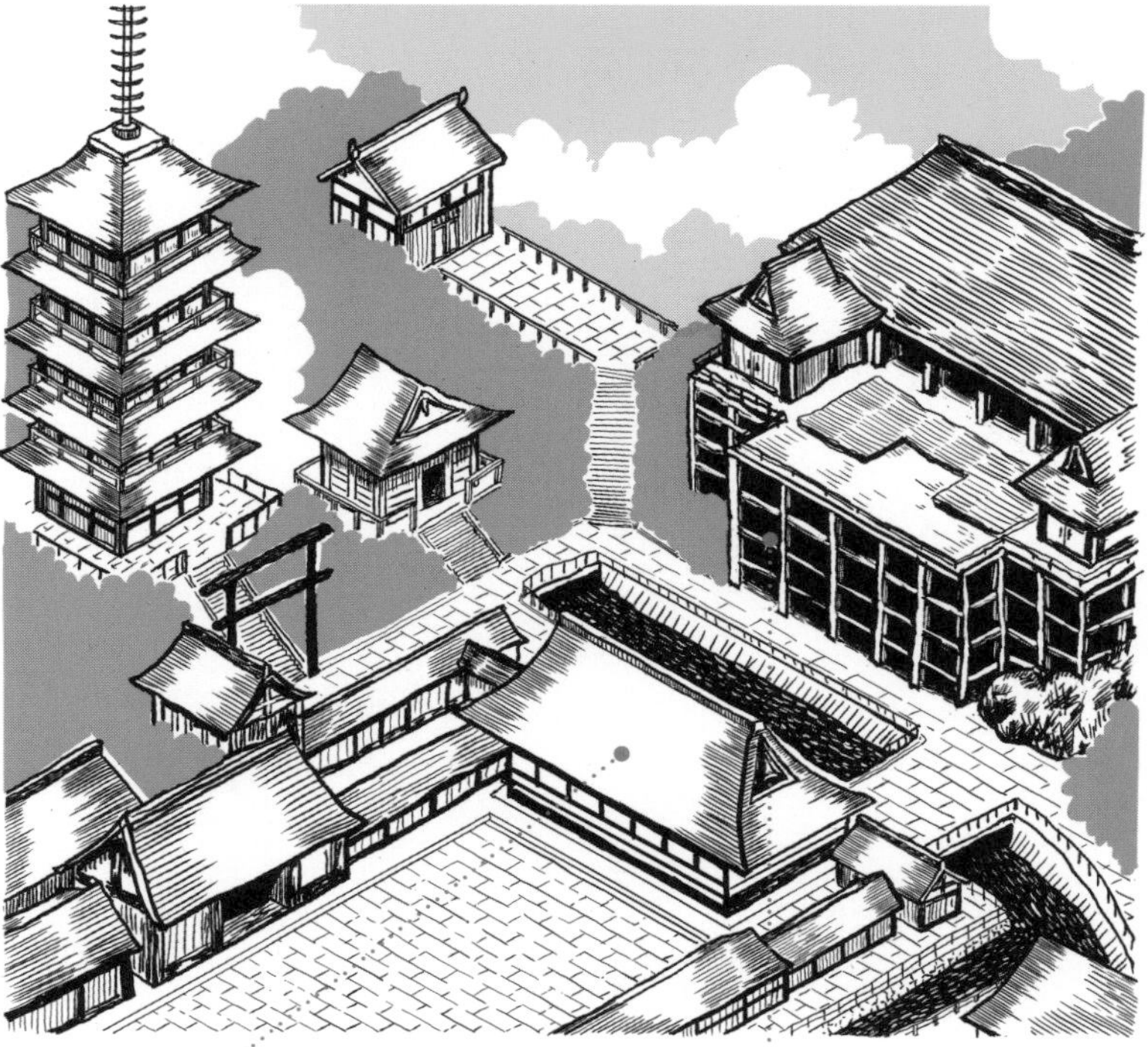

入母屋屋根は日本建築の中でも品格があると言われている。

清水寺を思わせる、呪術高専の木架構。

化を象徴する弥生系に片寄っているとし、**もっと素朴で力強い、民族的なもの**（＝縄文的なもの）**を重んじるべきだ**と主張したのだ。

日本史の教科書で、縄文土器と弥生土器の違いを説明した写真を見たことはないだろうか？　丹下・白井の両名が取り入れようとした伝統の違いは、あの写真を思い浮かべていただければイメージしやすい。**シュッとした弥生と、装飾的で荒々しい縄文。**「伝統を取り入れて進化すべき」という主張は同じであるものの、2人はそのアプローチの仕方や「伝統」の定義が違ったのである。[※2]

縄文的な建物は、実は呪術高専内にも存在している。作中ではまだ僅かにしか描写されていないが、高専の最下層にある**「薨星宮《こうせいぐう》本殿」**[※3]に注目していただきたい。呪術高専校舎とは対照的な荒々しいデザインはまさに、白井が主張する「縄文的なもの」そのものである。[※4]

こうして見てみると、**呪術高専は弥生的なものと縄文的なものが同居した、実に珍しい建造物である**ということがわかる。もしかすると作者の芥見《あくたみ》先生は大の建築好きで、丹下・白井両氏へのオマージュを作中で捧げているのかもしれない……！

※2　丹下の代表作のひとつである「香川県庁舎」。この建物が持つ端正な表情もまた、弥生的だと言えるだろう。

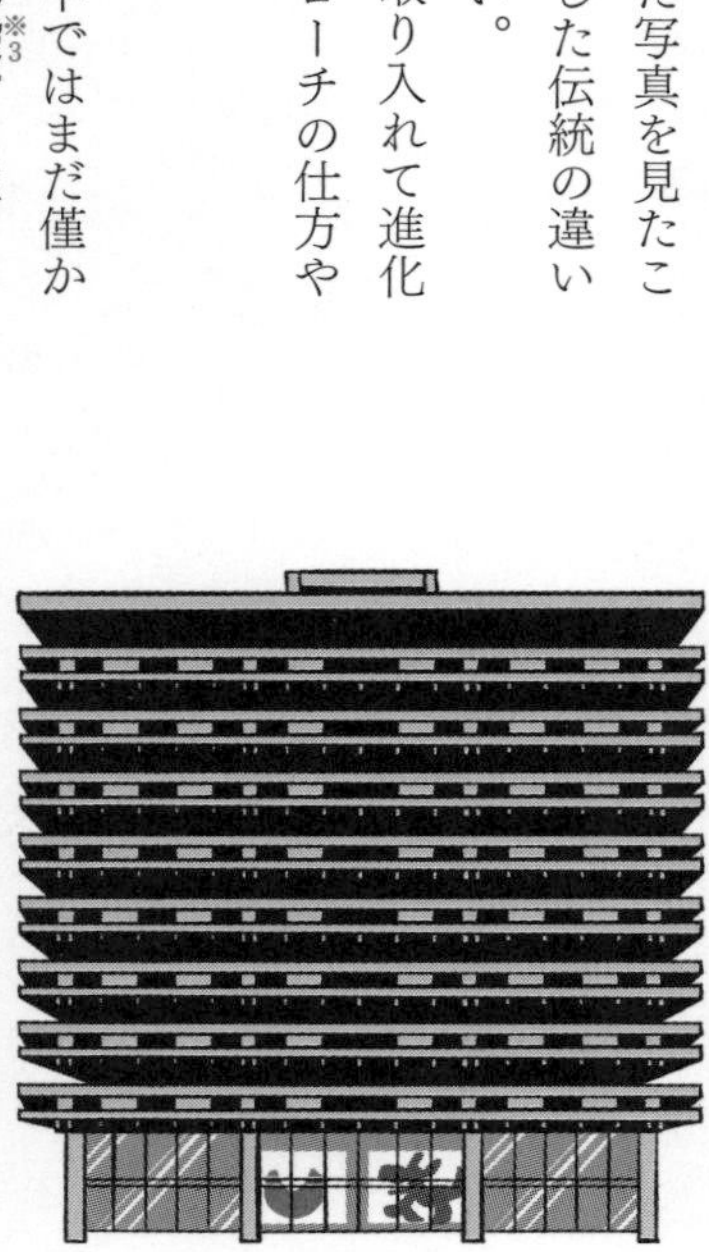

縄文と弥生の合体

呪術高専の敷地内には縄文と弥生の伝統様式が同居していたが、現実にもこの２つが同居すると言える建物が存在する。修学旅行などで実際に見たことがある人も多いであろう、**広島の「ピースセンター」**[※5]（次ページ図）である。

そしてなにを隠そう、これは伝統論争の発端となった丹下健三による代表作のひとつだ。

広島ピースセンターは本館・東館の２棟を渡り廊下で繋ぐことによって構成されている。本館（旧・陳列館）は戦後の１９５２年竣工、その後１９５５年に竣工した旧・本館を同デザインで建て替えたのが、いまの東館である。

まず本館にあるピロティの柱は、縄文的で力強い、骨太な印象を与える意匠になっている。これは敗戦後の日本国民が力強く立ち上がる雄々しさを表現したと丹下自身も説明しているが、その巨大なスケール感も含めてまさに圧巻の建築である。

丹下はピロティ部分で力強さの表現をする上で、「人間の尺度」よりも

※3 薨星宮本殿

※4 ちなみに実在する建築物では、伊勢神宮が縄文的なものの代表として引き合いに出されることが多い。

※5 広島平和記念公園内の資料館や国際会議場、記念碑などの総称。あたり一帯をひっくるめて「ピースセンター」と呼ぶのだ。

ピースセンター本館

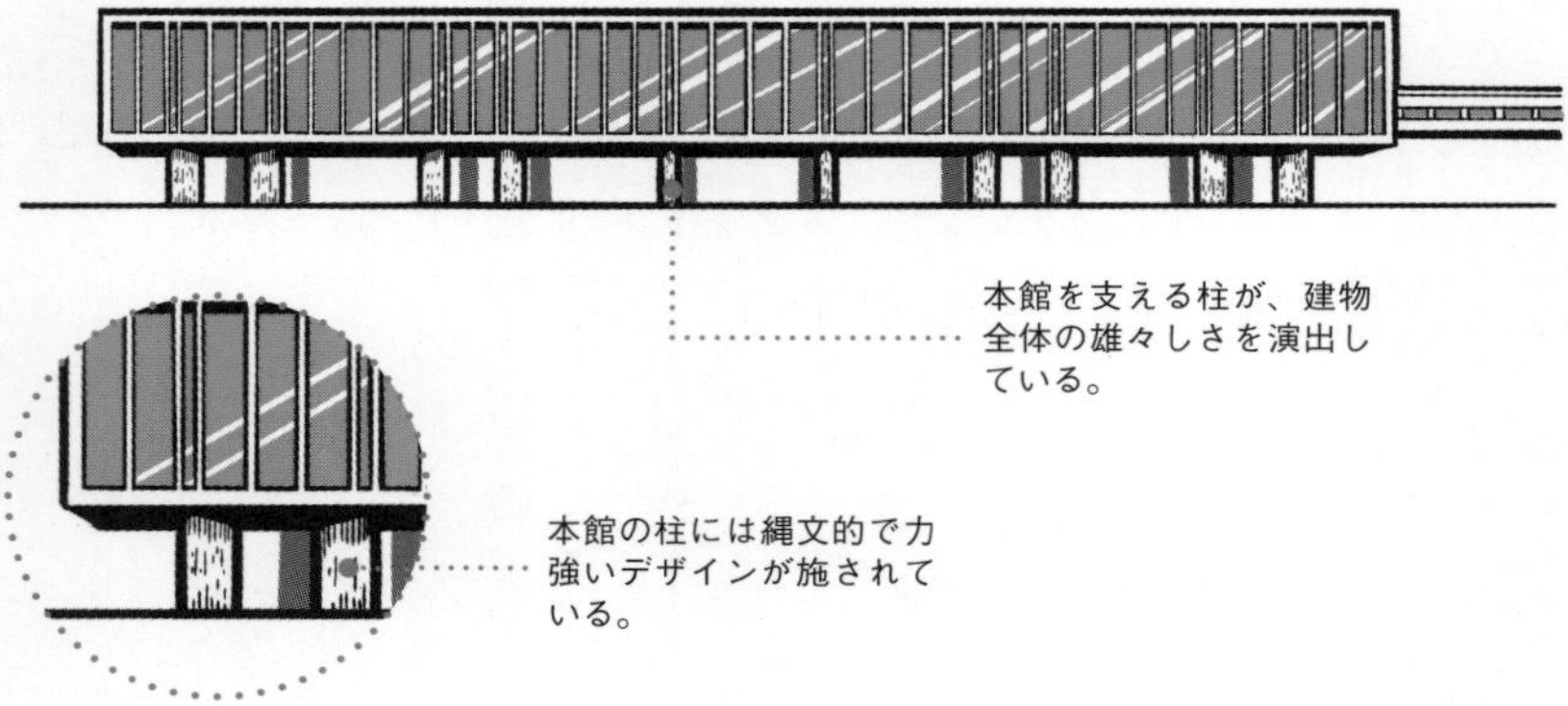
本館を支える柱が、建物全体の雄々しさを演出している。
本館の柱には縄文的で力強いデザインが施されている。

ピースセンター東館

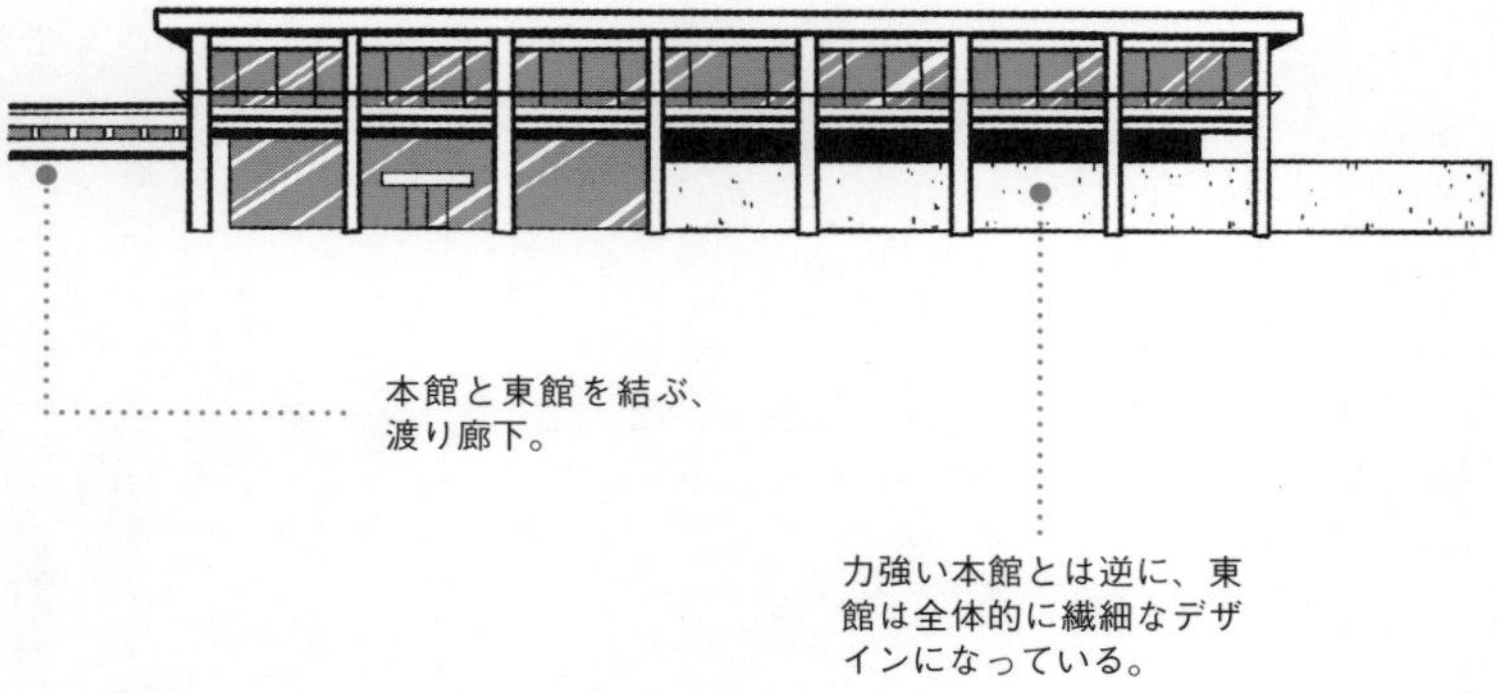
本館と東館を結ぶ、渡り廊下。
力強い本館とは逆に、東館は全体的に繊細なデザインになっている。

はるかに大きな「社会的人間の尺度≒神々の尺度」が必要であると考え、設計に取り組んだという。

話は少し逸れるが、このピロティ自体が額縁の役割を果たし、先に見えるアーチ状の慰霊碑を通じて、原爆ドームにフォーカスしている作りも特徴的だ。

このように視覚的に一本の道を作ることを、建築では**「軸線《じくせん》を通す」**※6と表現する。建築物そのものだけでなく、そのエリア全体を視野に含めた建築計画である。

現代では割と当たり前になっている考え方だが、当時ピースセンターの**設計コンペ**※7で丹下以外に軸線を取り入れた建築家はいなかったらしい。設計の手腕やセンスもさることながら、その着眼点のすごさも窺えるエピソードだ。

一方で東館は、本館に比べてやや控え目なデザインである。細めの柱・梁を用いた格子状のフレームでデザインされており、力強い本館とは真逆で端正な印象を受ける。

このような直線的な造りは、弥生的なデザインにおける特徴のひとつである。

縄文と弥生が同居しているピースセンターだが、もちろんこれは偶然の

※6 ピースセンターからの軸線

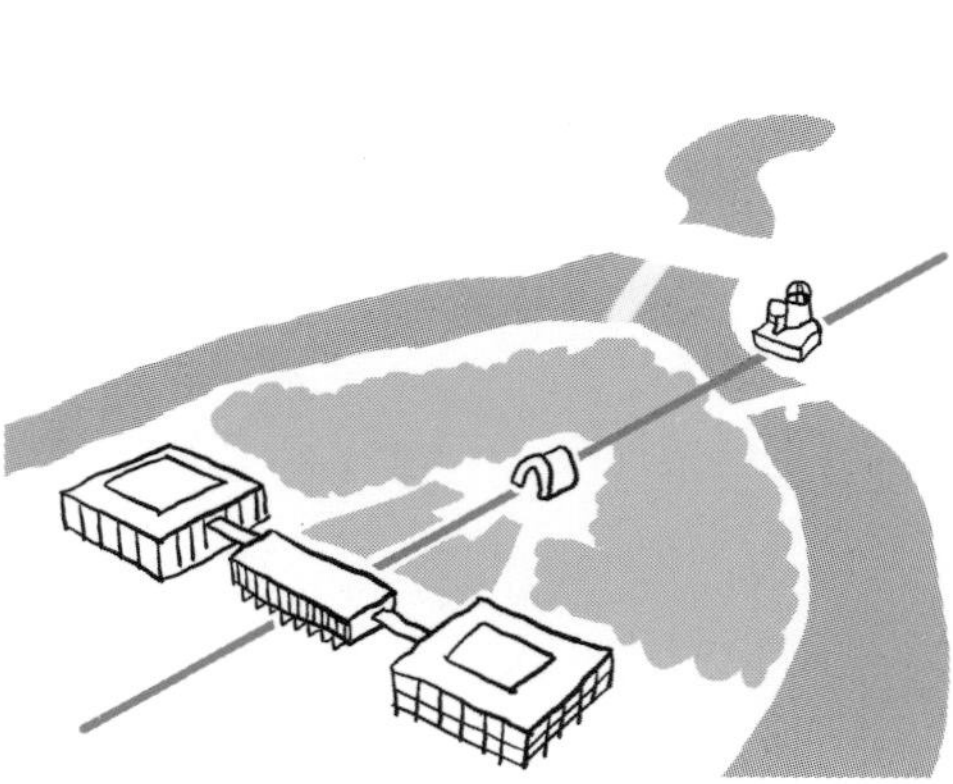

※7 設計案を公募し、その中からアイデアを選定すること。建築業界ではよく用いられる形式だ。

産物ではない。

力強いピロティ空間は縄文的な伊勢神宮をイメージし、本館の柱梁による繊細な構成は弥生的な桂離宮をイメージしてデザインした——といったことを、丹下自身も語っているのだ。

立場としては対立しているはずの縄文的なデザインをあえて取り入れることで、丹下はより弥生的な本館を際立たせようとしたのだろうか。

こういった意外な取り合わせをアリにしてしまえるのもまた、丹下のすごさであり、建築の面白さでもある。

日本建築を世界に知らしめたレジェンド 丹下健三

伝統論争の中心人物であり、「世界のタンゲ」として日本を代表する建築家・丹下健三についても詳しく触れておきたい。

建築を語るにあたって、丹下の存在を無視することは不可能だ！

丹下健三は日本の建築家として最も早く世界レベルで活躍し、認知・評価された人物である。東京都庁や国立代々木競技場[※8]、フジテレビ本社ビルなどの公共物件から民間物件まで垣根なく手がけ、彼が関わった名建築の

※8 国立代々木競技場

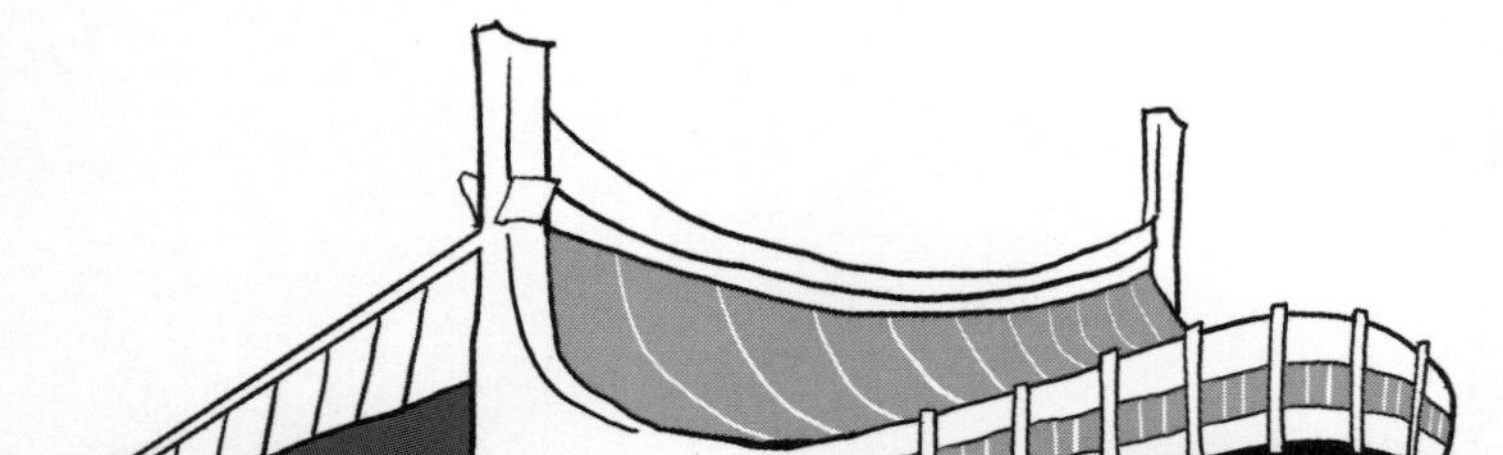

数は挙げればキリがない。

丹下の名前は知らなくとも、建築自体は知っているという人も多いのではないだろうか。

丹下健三の凄さというのは大きくまとめると、

① 建築の新しい時代を創った
② 教育者としての功績
③ 都市計画の腕も一流

の3つだ。

まずは①について。

丹下は**欧米の主流であったモダニズムの建築様式をベースにしつつ、そこに日本の伝統様式を上手く落とし込む**ことで世界的に高く評価された。

RC造やS造といった新時代の素材（53ページ）を日本の木造技術と組み合わせて表現するなど、まさにここまで書いてきたような〝伝統を取り入れた進化〟を目指し試行錯誤を続けてきた建築家なのだ。

その結果、丹下はモダニズムの次に表れた「ポストモダニズム」（191ページ）というムーブメントを牽引する存在にまでなった。※9
ちなみに**建築界のノーベル賞とも言われる「プリツカー賞」**を日本人で

※9 丹下はモダニズムの巨匠・コルビュジエに大きく影響を受けており、その教え子である前川國男の建築事務所に所属していた経験もある。そのためコルビュジエ的なモダニズム建築の作品も多いが、晩年になるとポストモダン系の作品も手がけるようになっていった。

初めて受賞したのも、丹下健三だ。

現在では日本人建築家も多く受賞している権威ある賞だが、やはり第一号となるとその凄さも別格だ。というのも、当時の日本の建築ははっきり言って世界的にあまり評価されていなかったのである。

レジェンドすぎてとてもすべては語りきれていないが、ひとまず①についてはこんな感じだ。

次に、②について。

丹下は教育者としても優れた手腕を発揮した。磯崎新や黒川紀章、槇文彦氏、谷口吉生氏など、**近・現代における名だたる建築家たちの多くは丹下の教え子でもあるのだ。**※10

優れた建築家が優れた教育者になれるとは限らないが、まさかそっちの才能もあったなんて……。研究室に集まってきたメンバーの多くの仲人を丹下夫妻が務めたというエピソードからも、彼の慕われる人柄が窺える。

最後に、③について。

丹下は建築設計だけに留まらず、国内外の都市計画にまで携わっていたことも大きな特徴だ。日本国内よりも海外の都市計画を手がけた数の方が多く、このことからも国際的な評価が高かったことが窺える。※11

※10　1946年から1973年にかけて、丹下は東京大学工学部で教鞭を執りながら丹下研究室を構え、設計事務所ではなく、研究室内で設計業務を行っていた。つまり、学校を出てプロの道に入る前の大学生・大学院生たちと設計を進めていたのだ。

丹下はイタリア、アメリカなどの先進国だけでなく、ナイジェリアやネパールなどいわゆる発展途上国の基盤となるような都市計画にまで関わっていた。また実現はしなかったが、**急激な人口増加に対応した画期的な計画「東京計画1960」**の美しさは、業界のみならず社会全体の話題をさらったことでも知られている。

このDNAを受け継ぎ、丹下が設立した「丹下都市建築設計事務所」は現在も、海外を相手に大きな都市計画を担当している。

もちろん、以上の3つ以外にも丹下のすごさはたくさんある。

たとえば同じ建築家として私が尊敬するのは、

「本当にこんなことが可能なのか⁉」

という建築物を実現させてしまえる手腕だ。

良い建築デザインを思いつく力と、それを実現に持っていく力はまた別物である。

「かっこいいデザインだけど、コストがかかりすぎるな……」

といった理由から、設計が白紙に戻ってしまうケースは多い。ここまで何度か書いている通り、建築を実現させるにはたくさんの制約をすべてクリアしていく必要があるのだ。

つまり丹下は発想力に長けているだけではなく、**きちんとした理論を併せ持った本物のレジェンド**なのである。

※11　駅前や商店街などの「街づくり」に参加する建築家は数多いが、より規模の大きい「都市計画」にまで参加できるのは、限られた人材だけだ。建築設計とはまた異なる知識が必要とされる都市計画に関わるということは、名実ともに優れた建築家である証拠である。

さあ、そんな丹下健三であるが、最後にひとつだけ触れておきたいことがある！

実は『呪術廻戦』には、丹下と直接的な関わりがありそうな建築が登場しているのである。

宗教関連の施設建築として登場した**「星の子の家」**を見ていただきたい。よく見ると丹下建築の傑作のひとつ、**「東京カテドラル」**[※12]の面影を感じないだろうか？　垂直に延びた特徴的なファサード（前面）部分に別の建築が合体したような見た目ではあるが、これは丹下を意識してデザインされているようにも見える。

最初に「芥見先生は建築好きなのでは？」ということを書いたが、いよいよこの仮説が真実味を帯びてきた……！

私も最初に星の子の家を見た時は、「これは！」と思わず声が出てしまった。真偽のほどはわからないが、ついこういった目線で作品を楽しんでしまうのは、一種の職業病みたいなものである。

※12　東京カテドラルは伝統論争が起こった9年後、1964年に竣工した教会。上から見るとキリスト教の十字架型になっているのが特徴だ。HPシェルという曲面によって内部空間が作られており、そこに光が落ちることで、幻想的かつ美しい空間づくりが実現されている。

星の子の家

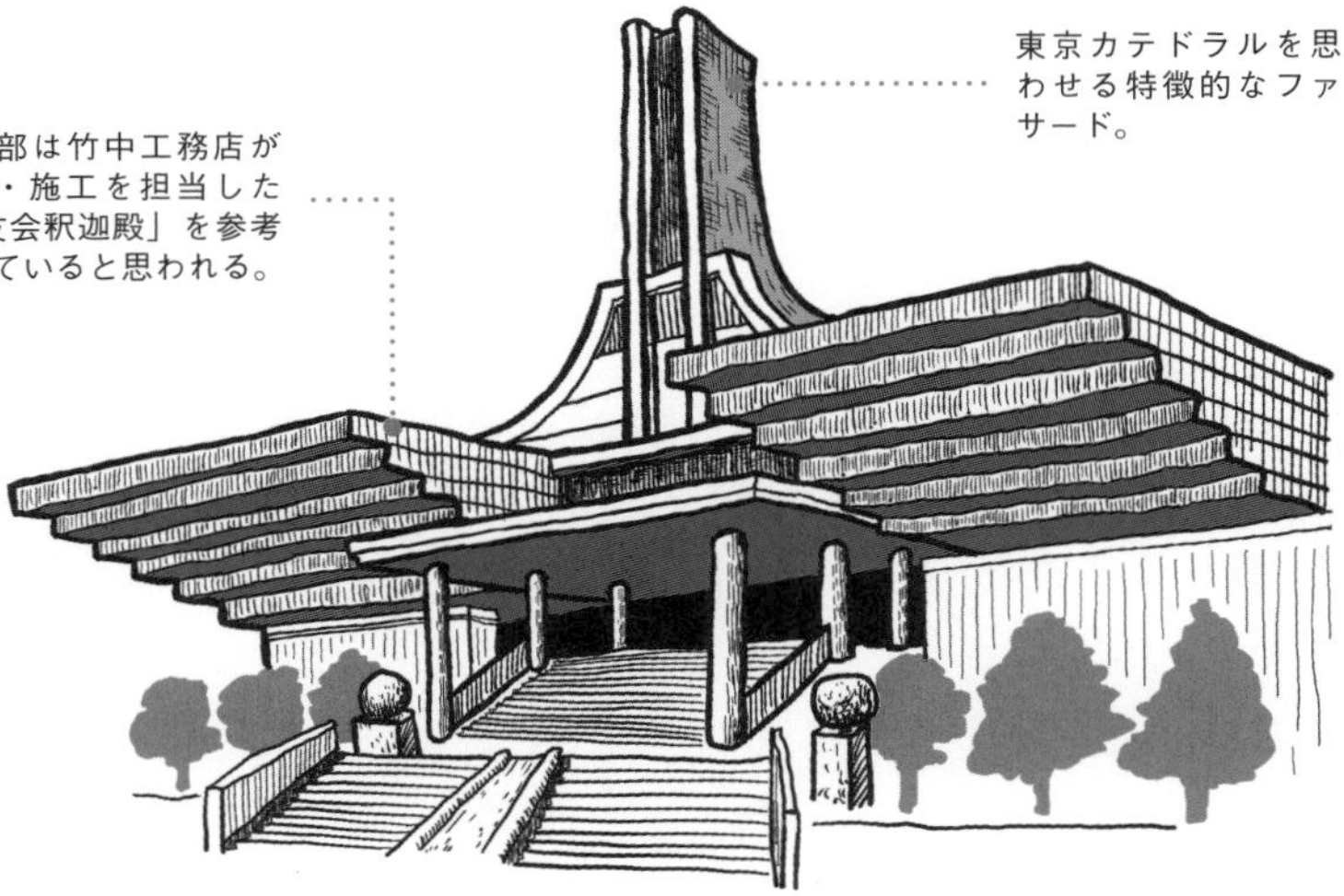
東京カテドラルを思わせる特徴的なファサード。
低層部は竹中工務店が設計・施工を担当した「霊友会釈迦殿」を参考にしていると思われる。

東京カテドラル

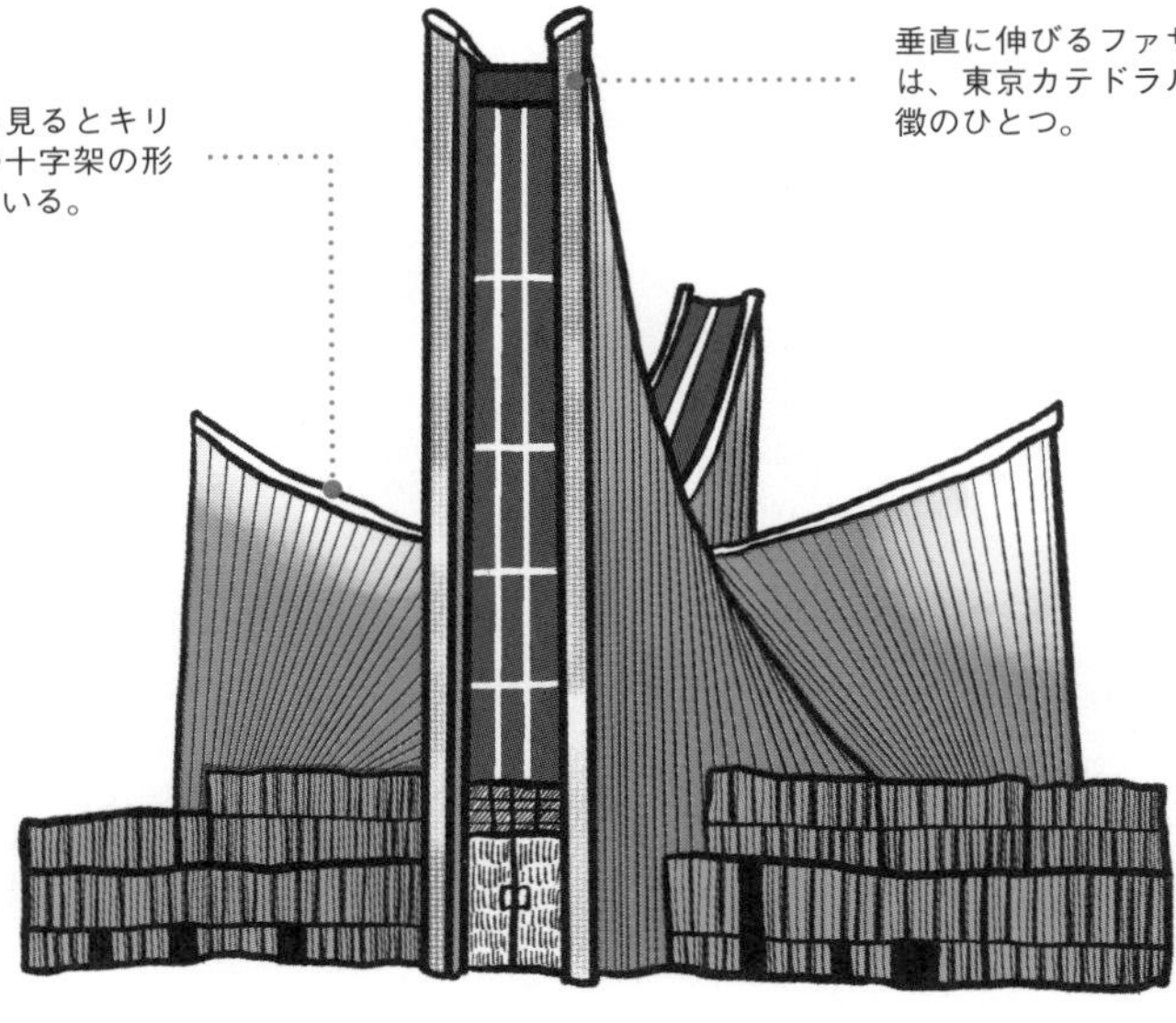
垂直に伸びるファサードは、東京カテドラルの特徴のひとつ。
上空から見るとキリスト教の十字架の形になっている。

COLUMN_07

芥見下々先生は建築がお好き？

前川國男邸

呪術廻戦には、本文中で紹介した以外にも名建築が登場している。取り上げたいのは、呪術高専の京都校・東京校間で行われる交流会の種目を決めるワンシーンだ。五条悟がある細工をして、2校間でなんと野球をやることに！　慌てふためく学長をよそにルンルン気分で建物を後にする五条——と、このひとコマに注目だ！

このコマに登場する建築、実は本文にも少し名前が出た前川國男の自邸にそっくりなのだ。前川國男について、簡単にご説明しよう。前川は海外でモダニズム建築家・コルビュジエに師事し、帰国後はアントニン・レーモンドの元で学んだのち、自らの事務所を設立。国際文化会館・東京文化会館など、全国に多くのモダニズム建築を残し、日本国内のモダニズム建築を牽引した立役者である。そして何を隠そう、丹下健三自身もこの前川國男事務所で設計を学んだ一人だ。

前川國男邸は日本らしい瓦屋根と木外壁の和風のデザインを基調としながら、細かな部分や内装に洋風・モダニズムを感じさせる非常に面白い建築だ。

そんな前川邸は「江戸東京たてもの園」に保存されているので、今でも実際の空間を体験することができる。

あの丹下健三が師事した、前川國男の自邸。機会があれば、ぜひ一度足を運んでいただきたい。建築界のレジェンドが作り出した見事な「領域」であることは保証しよう！

No.008

ONE PIECE

ファン続出の可愛らしさ！ ワンピースの「見栄っ張り建築」

1997 年より『週刊少年ジャンプ』にて連載をスタートさせたマンガ作品。作者は尾田栄一郎。主人公・ルフィが海賊王を目指す冒険ロマン。マンガ・アニメともに広い世代から指示を得る、言わずと知れた人気作。

商人の知恵から生まれた建築

ここでは、誰もが知る人気作品『ワンピース』からインパクトが強かった建築を取り上げよう。「空島編」に登場した、**「モンブラン・クリケットの小屋」**だ。

通称「うそつきノーランド」の子孫である、モンブラン・クリケット。彼の暮らす小屋は前面に板を張り付けただけのハリボテで、まさに「うそつき」の名をそのまま表しているかのようである。

いかにもマンガ的でくすりと笑ってしまうような面白い建築だが、私はここからある建築様式を連想した。その名も**「看板建築」**だ。

「看板建築」とは、建築家・建築史家の藤森照信《ふじもりてるのぶ》が命名した店舗兼住宅の形式を指す言葉である。名前の通り住居の前面に看板（広告）を張り付け、住居と店舗が完全に一体化してしまった形をしている。

看板建築は、その不思議なビジュアルはもちろん、他に例のない〝とある特徴〟を持っていることから非常に珍しい建築様式と言われており、コアなファンも多いジャンルである。そんな愛おしい見栄っ張り建築について、さっそく実態を探っていこう！

モンブラン・クリケットの小屋

この可愛らしい家の造りは麦わらの一味にはもちろん、我々読者にも大きな衝撃を与えた。

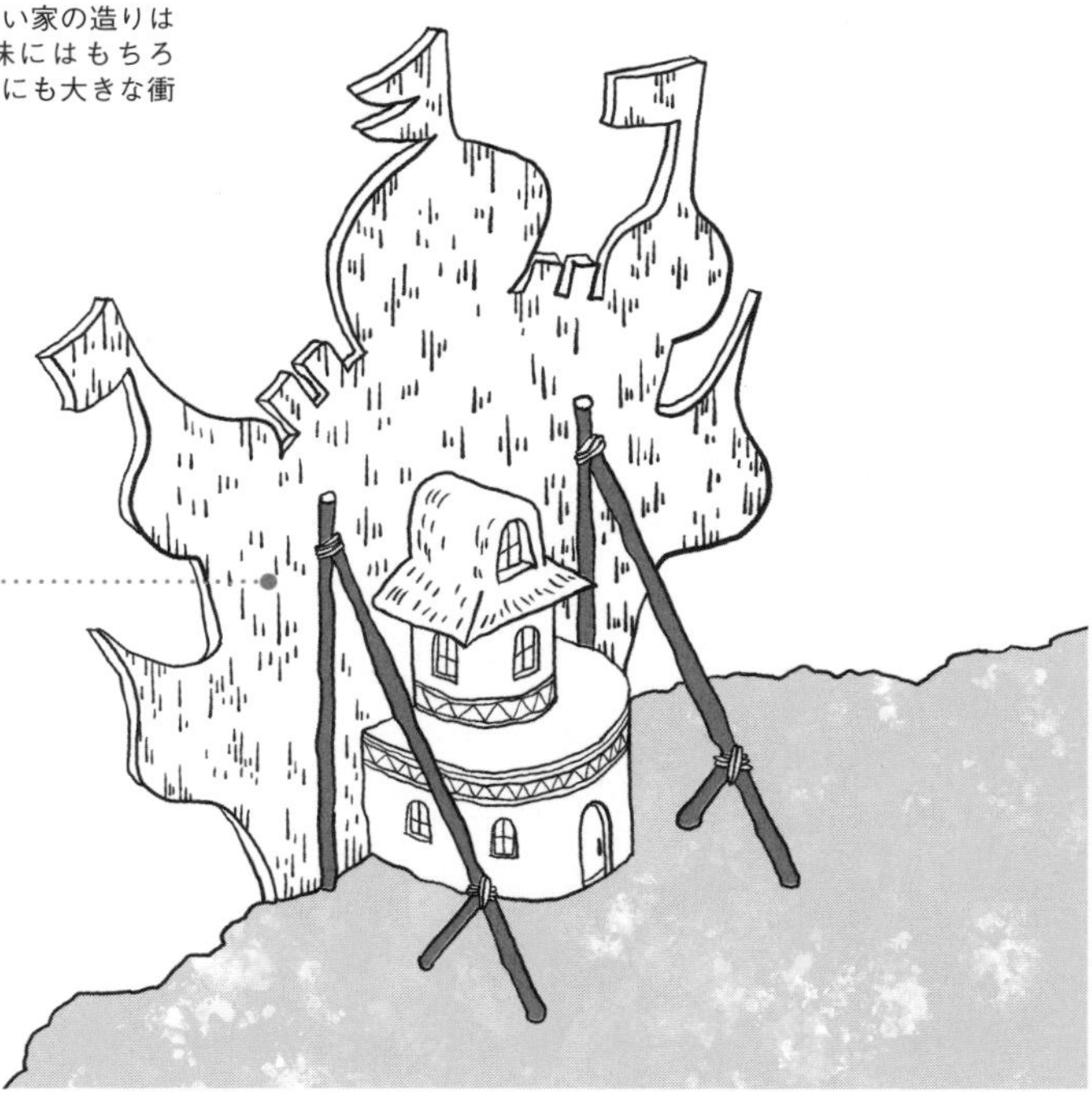

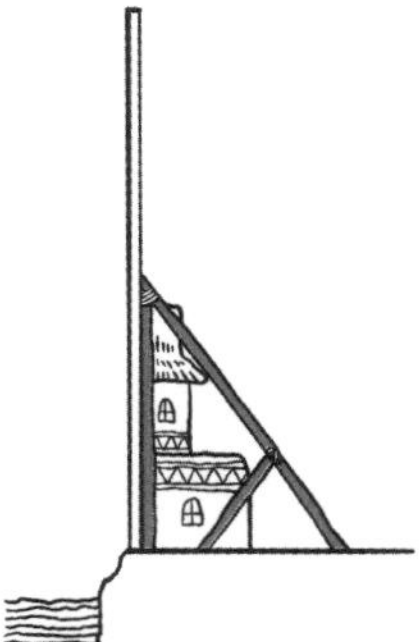

正面から見ると立派なお城のように見えるクリケットの小屋。

裏に回ると、お城の部分はハリボテだということがわかる。

こうして愛らしい建築は誕生した！

まずは代表的な看板建築「丸二商店」[※1]を見ながら、その独特の文化の基本についてご紹介したい。

一般的に看板建築の定義は、

①間口が狭く奥行きがある店舗兼住宅
②木造であるが建物の正面は平坦
③正面部分は擬洋風な意匠を表現
④3階建て屋根は西洋式の「腰折れ屋根」が多く見られる

とされている。要は、**「モンブラン・クリケットの小屋に奥行きを出して、正面以外は和風にしたもの」**くらいに捉えていただけると良いだろう。

これらの特徴はいわゆる**「町屋」**がベースになっている。町屋とは、街道沿いに立ち並ぶ店舗付き住居を指す言葉だ。

よく時代劇で間口が狭く奥行きのある商店が出て来るが、アレなんかはまさしく町屋そのものである。

※1　看板建築は戦後に誕生したこともあり現存する建物が少なくなってきているが、「丸二商店」は東京都・小金井市にある「江戸東京たてもの園」に移築・保存されている。

丸二商店

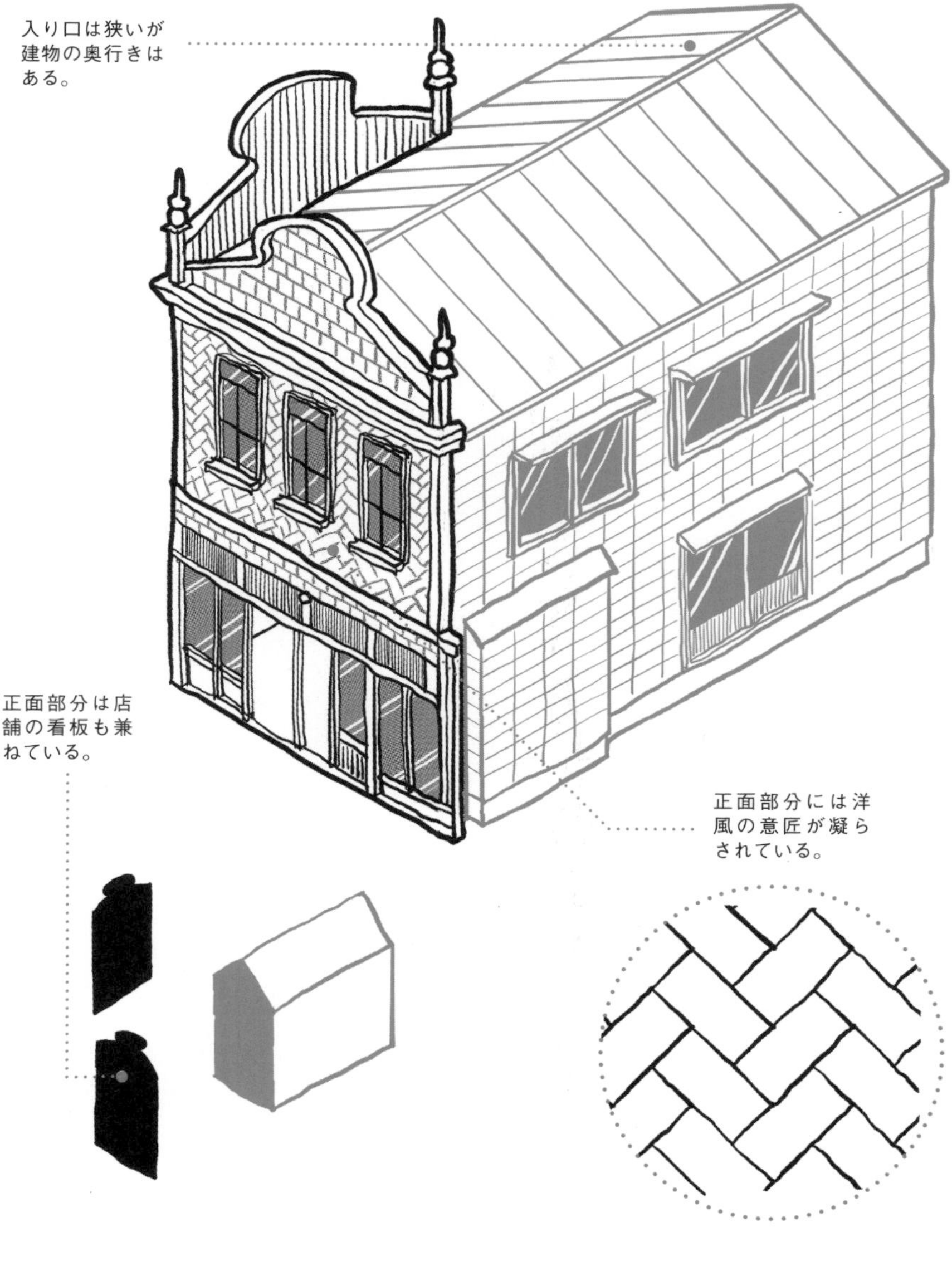
入り口は狭いが
建物の奥行きは
ある。
正面部分は店
舗の看板も兼
ねている。
正面部分には洋
風の意匠が凝ら
されている。

ではその町屋は、どのように看板建築に進化していったのだろうか。

その過程には、1923年（大正12年）に起きた**関東大震災**が深く関係している。

震災によって倒壊した商店街は復興に向け、急ごしらえであるが仮設の商店を次々に建てていった。そんな中、商人たちの間である意識が生まれる。彼らは、

「せっかく建て直すなら見た目も良く、同時に情報も発信できるような店にしよう」

と考えたのだ。

詳しい過程やデザインについてはあとで触れるが、つまり**看板建築はプロの建築家ではなく、民衆のアイデアの中から誕生した様式**なのである。

そういった目線で見てみると、確かに防火性の高い素材が使われていたり、できるだけ安上がりで派手に見える装飾が施されていたりと、まさしく**〝商人の知恵〟が詰まった実用的な建築**だと言える。[※2]

考えてみれば、「建物の前面＝ファサード」に特に力を入れるというやり方は、なにも看板建築に限った話ではない。

例えば現代のオフィスや住宅にしても、道路に接したファサードは窓やガラス張りを大きくとりデザインを洗練させたり、自然光を取り入れる配慮をしたり、街の景観との調和を図ったりと設計上かなり重要なポイント

※2 前述したように、看板建築には西洋式の「腰折れ屋根」が用いられている。当時3階建ての建物は建てられなかったが、この屋根を用いることで屋根裏のスペースが生まれ、実質的に3階建てのように使うことができたのだ。これもまた、商人のたくましい知恵である。

とされている。

では一方、建物の後面・側面はどうだろうか。

看板建築の住居部分はファサードに比べてかなり質素な木造建築になっているが、実はこの考え方も現代の建築に共通している。

どんなに立派な建築物でも、やはり建てるには予算というものが設定される。一部の特別な建物は別かもしれないが、建築設計というのは予算との戦いでもあるのだ。

では設計者は、どこでコストダウンを図るのか——そう、**人の目につきにくい後面・側面**である。

これらの面は装飾が排除されていたり、デザイン性を損ないがちな室外機などの機器が並べられていたりと、**基本的に誰にも見られないことを前提に作られている。**

たまに隣が取り壊されて側面がむき出しになっている建物を見ることがあるが、あれは**建築好きにとってはたまらないレア建築**である。

読者の皆様も、そういう建物を見つけたらぜひ観察してみて欲しい。きっと〝良い顔〟をしている前面からは読み取れない、新たな発見があるはずだ。

看板建築は民衆のキャンバスだ！

モンブラン・クリケットの小屋の前面は絵による装飾だけだが、実際の看板建築には職人の技術が詰まった、かなり凝ったデザインが施されている。

先ほど触れた通り、看板建築はプロの建築家ではなく民衆のアイデアの中から誕生した文化だ。そのため建物のデザインは、**プロではまず考えつかないような奇抜な装飾や組み合わせ**が盛り込まれており、非常に好奇心をくすぐるものとなっている。

歴史を紐解いてみると、関東大震災後、民衆の中から看板建築のようなアイデアが出てくることはある種必然であったと言える。

震災後、まず優先的に復興が進められたのは、銀座や日本橋などの中心的な商業エリアだった。当時の一流建築家たちが仮設（バラック）ながら美しい店舗を急ピッチで設計し、造り上げていった。

その後しっかりと時間をかけて、現在も残っているようなＲＣ造や鉄骨造の商業ビルに徐々に変貌していったというわけだ。

ではプロの建築家が中心エリアで引っ張りだこになっているなか、なかなか復興の手が届かない下町エリアはどうしていたのだろうか。

たくましい商人たちは、こう考えた。

「専門家が捕まらなければ、自分たちで作るしかない！」

フランキーの加入前、ウソップが独学でメリー号の修理を行っていたことを思い起させるエピソードである。※3

商人たちが独自のアイデアと技術を持ち寄って作り上げられた商店は、実に自由奔放なものだった。例えば看板建築**「沢書店」**（次ページ図）をご覧いただきたい。

屋根の軒に注目してみると、お城などによく使用される日本伝統の造形**「唐破風《からはふ》型」**になっていることがわかる。その特徴的な半曲カーブは、一見しただけで「THE 和風建築」といった感じだ。

しかし一方で、その下の壁面や窓はどうだろうか。ここに施されたいくつものアーチ状の装飾は、西洋の建築文化によく見られるものである。つまり、**和洋の伝統的な造形・装飾がひとつの面でミックスされてしまっている**のだ。

西洋画家の知恵を借りて一等地に建つ建築の洋風デザインを見よう見まねで再現したかと思えば、そこに大工の棟梁が得意分野である和風の要素

※3 復興に駆り出されていた大工たちは状況が落ち着いてくると、各々の地元へ戻り看板建築の文化を全国に広めた。関東地方だけでなく、実はあなたの住む街にも看板建築はあるかもしれない。

沢書店

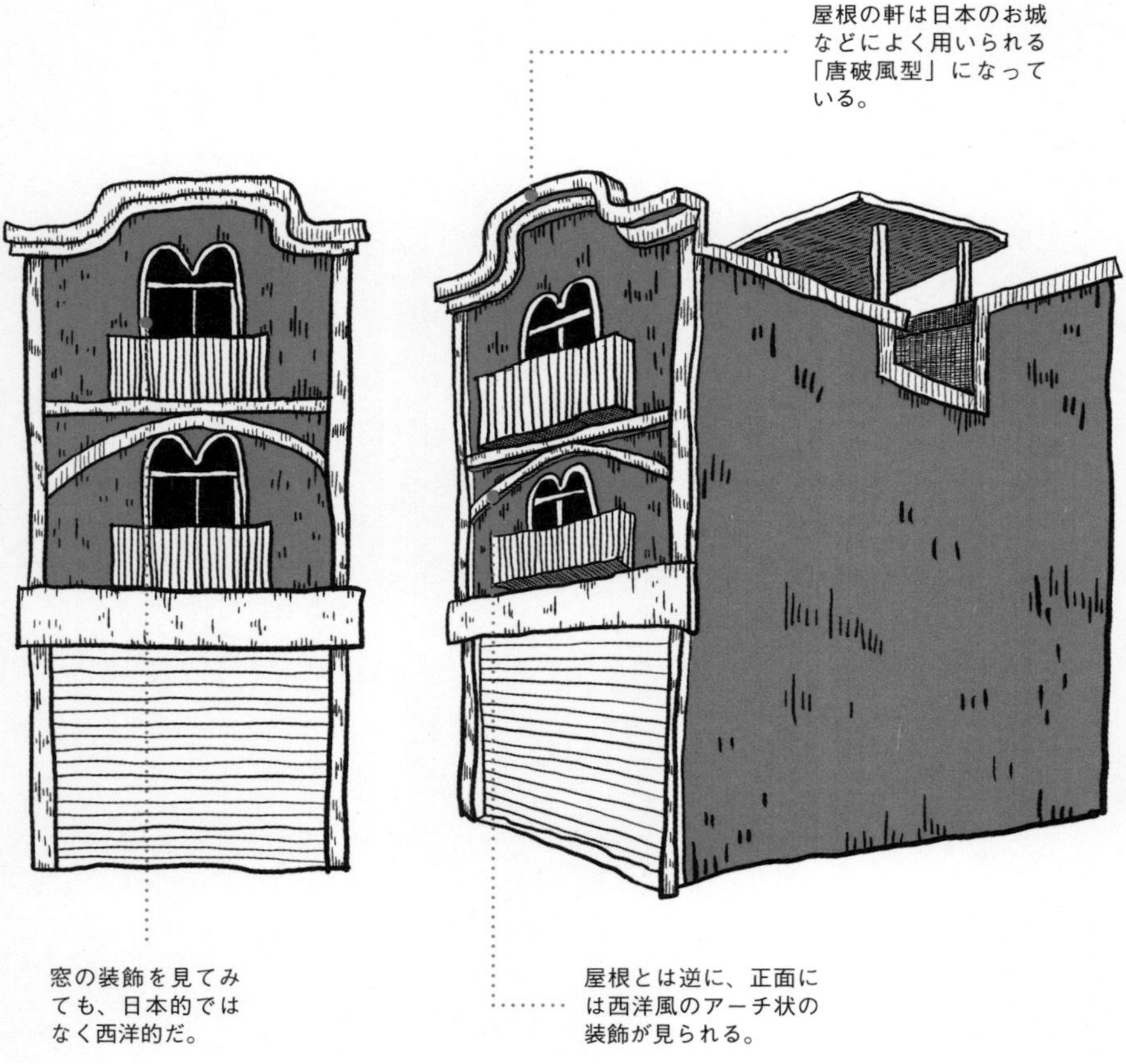
屋根の軒は日本のお城などによく用いられる「唐破風型」になっている。
窓の装飾を見てみても、日本的ではなく西洋的だ。
屋根とは逆に、正面には西洋風のアーチ状の装飾が見られる。

を織り交ぜる……そんなコラボレーションを想像してしまうような、個性的な表現である。

このように看板建築には、普通では考えられないような要素の掛け合わせがふんだんに盛り込まれている。もしかするとプロの建築家こそ、こういった柔軟な発想を見習う必要があるのかもしれない。

現代の看板建築はロードサイドにあり?

次は少し趣向を変えて、**近現代における看板建築**を探しだしてみよう。

私は90年代以降に「現代の看板建築」とも呼べる建物が誕生したのではないかと考えている。それはずばり、地方都市のロードサイドに展開される商業建築の数々だ。

地元や、あるいは旅行先で訪れた地方都市の大通り沿いを思い浮かべていただきたい。広い駐車スペースのあるコンビニやファミリーレストラン、イオンなどの大型商業施設……。どれも**「いわゆる地方都市の風景」**としてイメージできるという方がほとんどではないだろうか。

このようなロードサイド建築を見ていると、一目で「あのお店だ！」とわかるような特徴的な形をしているものばかりである。

昭和初期に誕生したのが歩行者向けの看板建築であるならば、これらは**自動車が主要な交通手段となった時代に合わせて独自の進化を遂げた、現代版の看板建築**と言うことができるだろう。

いま挙げたようなロードサイドの風景は、裏を返せば「どこでも見られる同じような風景」と言うこともできる。マーケティングなどを専門とする評論家の三浦展《みうらあつし》氏はこれを「ファスト風土」と名付け、議論の対象にしてきた。

なぜ、このような風景が次々と誕生するのか。

ひとつは、ロードサイドに進出する大企業による効率化が進んだことで、一律のマニュアルを基に設計される建物が増えたという問題があるだろう。特に多店舗展開している建物は「より快適に、より消費を促すように」と設定されたルールに乗っ取って設計・建設が進められる傾向にある。

それはある種の成熟ということもできる一方、画一化が進むことでそのエリアの特色が薄れていくのは悲しいものである。**歴史や地域の特徴を表現した魅力的な街づくりも、建築家の使命のひとつ**なのだ。

もちろん、大企業の店舗でも特徴的な造りをしているものもある。

41ページでも紹介した「スターバックスコーヒー　太宰府天満宮表参道店」は、隈研吾氏により「自然素材による伝統と現代の融合」というコンセプトのもと設計された。歴史のある地域に伝統的な木組み構造を用いた建築が建つ意味は大きい。

それこそ『ワンピース』に登場する島々のような、個性豊かなデザインが都市ごとに溢れるようになれば、世界はもっと魅力的になるはずだ！

COLUMN_08

真っ二つの家は実在した！

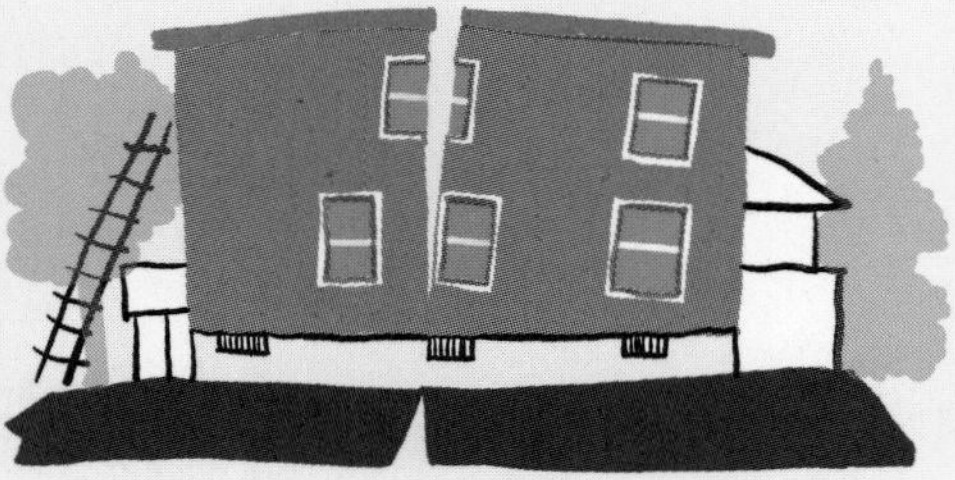

ゴードン・マッタ＝クラーク「スプリッティング」

看板建築そっくりな、モンブラン・クリケットの小屋。ここではハリボテのファサード（前面）ではなく、もう半分の小屋の方に着目してみよう。

小屋があるのは、空島編のキーでもある「ジャヤ」という島。クリケットの小屋は突き上げる海流（ノックアップストリーム）によって真っ二つにされてしまったわけだが、ここでご紹介したいのは「意図的に真っ二つにされた家」である。

この真っ二つにされた家は、美術家ゴードン・マッタ＝クラークのアート作品「スプリッティング（1974年）」である。「スプリッティング」がおこなわれたのは、ニュージャージー州イングルウッドという場所。取り壊しが決まった家を作品へと転用することで、建物を真っ二つに切り裂くという大胆な発想が実現されたというわけだ。

彼の《ビルディング・カット》シリーズには、「建物に穴を開けることでかつてはあり得なかった場所に光を差し込ませ、その空間を新しく再生させる」という意図が込められているという。

見えなかった場所に光を当て、そこに新しい輝きを見出す……。なんだか『ワンピース』という作品が持つメッセージ性と近いものを感じてしまうのは、私だけだろうか？

No.009

新世紀エヴァンゲリオン

NERVは最強の要塞だった？
歴史の裏側で誕生した要塞建築の世界

GAINAX制作のアニメーション作品。1995年からテレビアニメとして放送され、劇場版も制作された。原作・監督は庵野秀明。汎用人型決戦兵器「エヴァンゲリオン」のパイロットとなった14歳の少年少女たちの戦いを描く。

要塞建築は実在した！

１９９５年にテレビ放映されてから、マンガ作品や劇場版を長年かけて展開してきた「新世紀エヴァンゲリオン」。２０２１年に遂に「シン・エヴァンゲリオン劇場版」として完結したことで記憶に新しい方も多いだろう。大災害「セカンドインパクト」により大きな被害を受けた世界の中で、主人公の碇シンジたちがエヴァに乗り込み、第三新東京市という都市を舞台に、正体不明の敵「使徒」と交戦していく。

そんなエヴァンゲリオンで気になる建築といえば、襲来する使徒から身を守る**「第三新東京市」**と、その地下空間「ジオフロント」内に位置する要塞**「ＮＥＲＶ本部」**だろう。**可動式のビル群や秘密基地感溢れるピラミッド型のデザイン**など、ワクワクせずにはいられないギミックが盛りだくさんである。

しかもよく観察すると、**アニメ的なロマン要素を含みつつ、現実的・合理的な考えが徹底された、非常に見事なバランスの建築群**だということがわかってくる。

こんな事を言うと、

第三新東京市とＮＥＲＶ本部

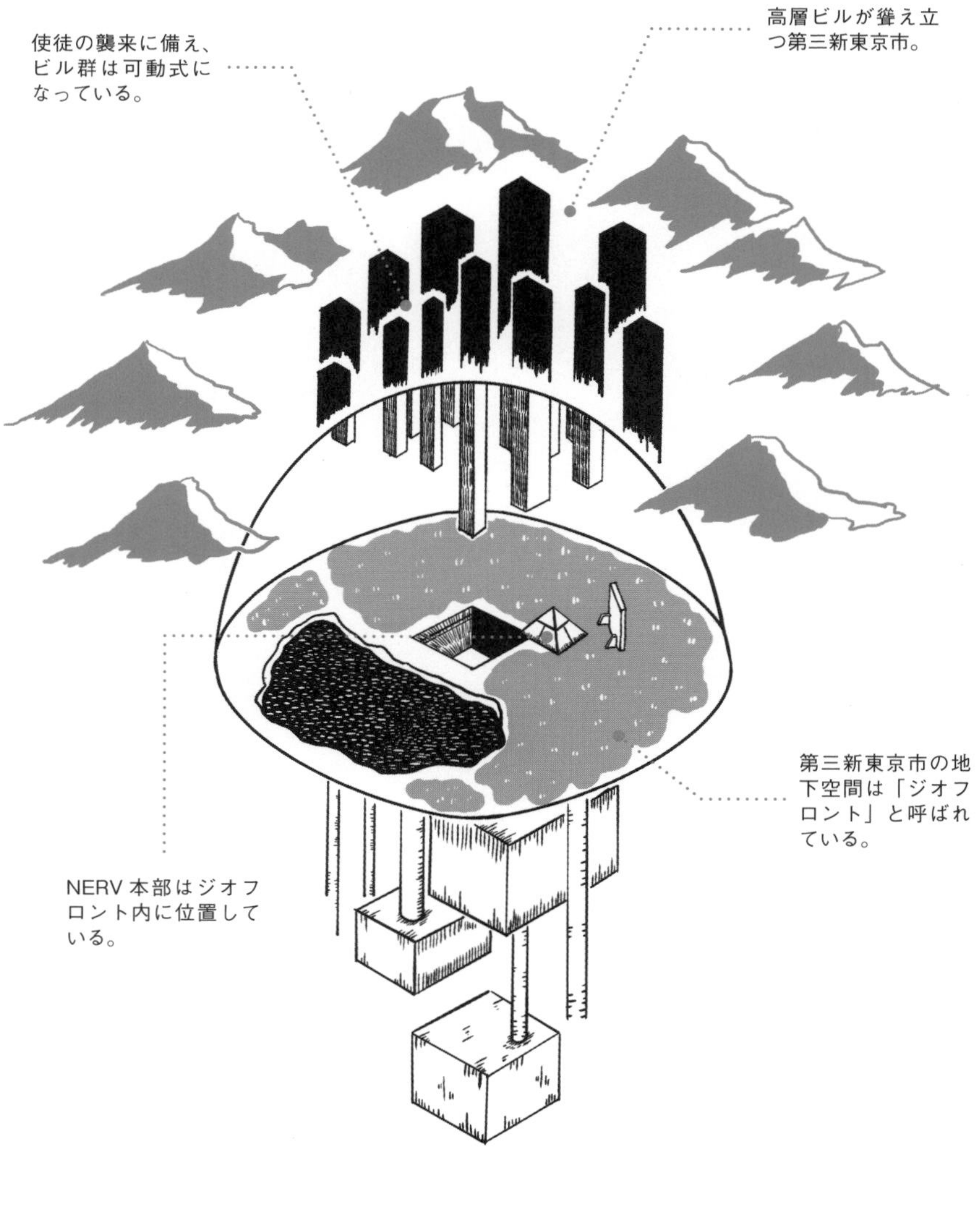
使徒の襲来に備え、ビル群は可動式になっている。
高層ビルが聳え立つ第三新東京市。
第三新東京市の地下空間は「ジオフロント」と呼ばれている。
NERV 本部はジオフロント内に位置している。

「敵との交戦を想定した要塞なんて、フィクションの中だけの話じゃないの？」

と感じる方も多いだろう。

たしかに、ほとんどの人にとって「要塞」なんていう言葉は縁もゆかりもないはずだ。しかし、**あまり目立たない歴史の裏側で、要塞都市・要塞建築は確かに存在していた**のである！

要塞都市の歴史は古く、世界四大文明が栄えていた紀元前4000年ごろに誕生したと言われ、今なお存在している都市もある。

農耕が行われ、食料や財産を蓄える中で、人々は外敵から身を守る必要が出てきた。そこで堀やレンガ壁など多様な防御方法が生まれ、徐々に技術が発展してきた。

そして時は、〝戦争の世紀〟とも呼ばれる20世紀へと流れる。皮肉なことに、**戦争は様々な技術革新を我々にもたらすことが常だ。**建築も例外ではなく、〝戦争に勝つ〟という目的のみを徹底的に突き詰めた独特すぎる建築様式が、この時代に誕生した。

その**究極の機能主義建築こそが、要塞建築である。**※1

本項ではエヴァンゲリオンに登場する「第三新東京市」「NERV本部」を切り口に、〝勝つため〟だけにヤバすぎる進化を遂げた要塞都市・要塞

※1 地下鉄や雨水の貯留施設など、現代においてもある種の地下シェルターと呼べる事例は意外にも多い。近年では、「現代版ノアの箱舟」とも称される北極の種子貯蔵庫が話題になった。

建築についてご紹介したい。プロから見てもかなりマニアックな分野だが、他に例を見ない、興味深い内容になることは保証しよう。
どうかあまり構えすぎず、心のATフィールドは解除しておいていただけると幸いだ。

街全体で守れ！ 巨大なスケールの要塞「都市」

まずはNERV本部を擁する要塞都市、第三新東京市（次ページ図）から見ていこう。要塞建築そのものと同じくらい、それを取り囲む「要塞都市」の防御力は重要である。

第三新東京市を俯瞰した全体像を見てみると、都市構造がギザギザした形状になっていることに気付く。ここから連想されるのが、**「星形要塞」**という築城方式だ。主要な建物群を囲む堀や城壁などの部分がギザギザの星型に計画されており、このギザギザを利用して外周部で敵を迎撃するという仕組みになっている。

日本で言えば**「五稜郭」**[※2]もこの星形要塞の一種である。

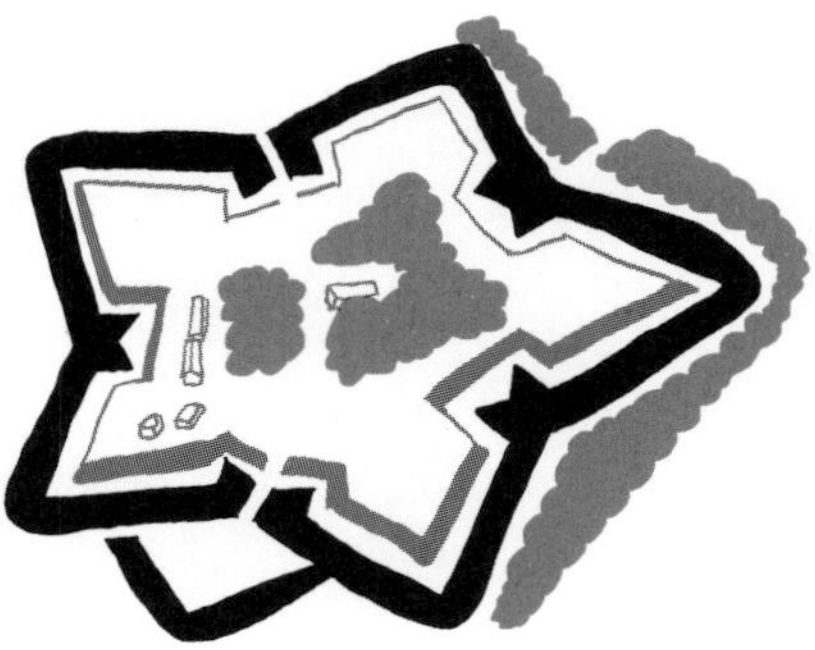

※2 江戸時代末期に築造された五稜郭。

第三新東京市

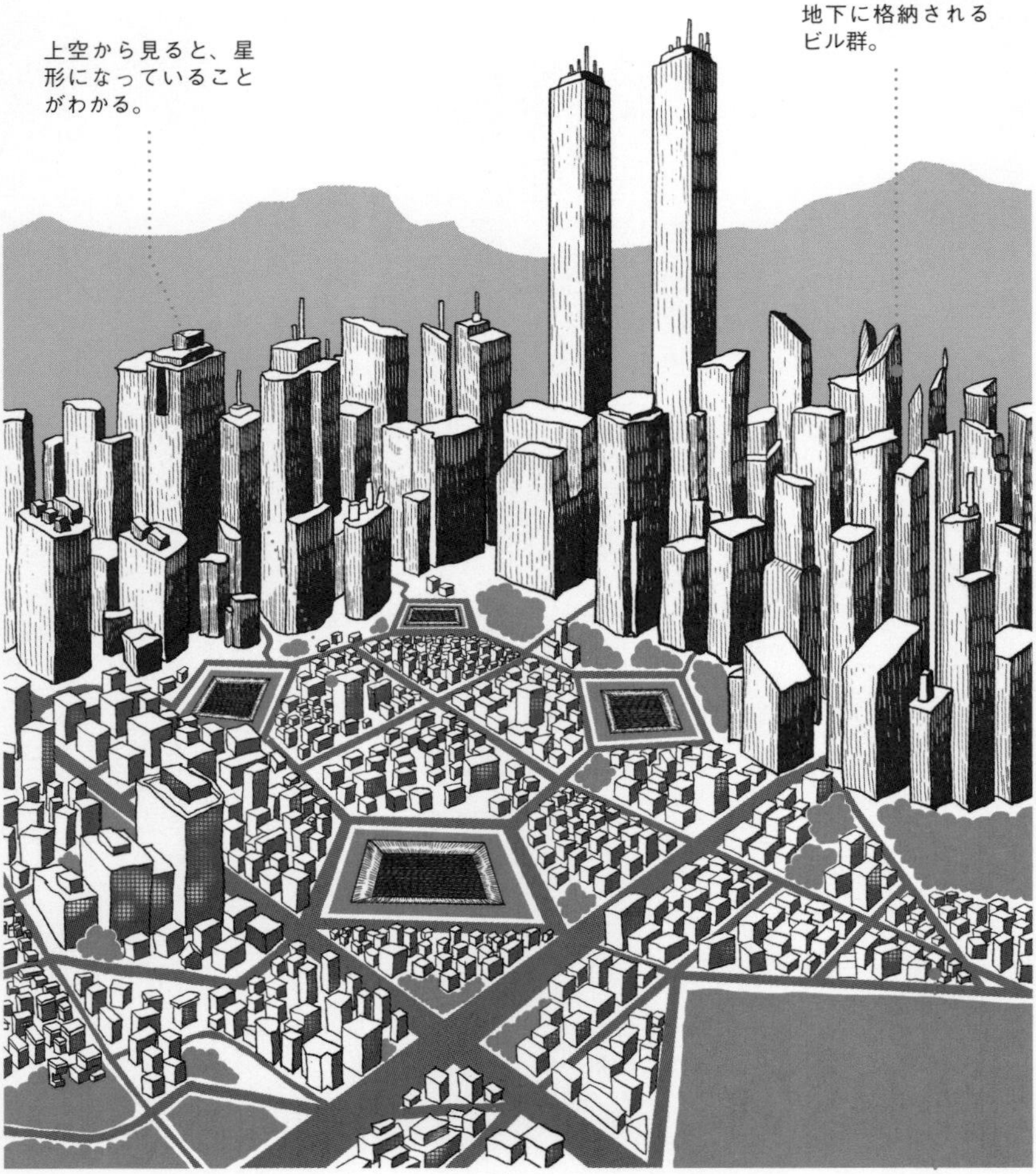
使徒の襲来時には
地下に格納される
ビル群。
上空から見ると、星
形になっていること
がわかる。
攻守に適したギザギ
ザ部分は「稜堡」と
呼ばれる。

15世紀後半にイタリアで誕生した星形要塞が日本で用いられたケースは非常に珍しく、その特徴的な見た目を教科書で目にした方も多いのではないだろうか。

ギザギザ部分は「稜堡《りょうほ》」と呼ばれ、防御する側から見ると死角が一切なくなるというメリットがある。また外敵に攻撃する場合は2箇所の稜堡から挟み撃ちすることも可能で、**攻守ともによく考えられた合理的な方式**である。

とはいえ、星型要塞が有効なのは、あくまで横からの攻撃に対してのみだ。第三新東京市に攻めてくるのは、動きが予測不可能な使徒たちである。いくら横の守りが強くても、もし上空から攻撃されたらひとたまりもない……と思いきや、実は**第三新東京市は垂直方向からの攻撃にも完璧に対応している。**

ここで思い出していただきたいのが、使徒襲来時、都市にそびえ立つビル群が地下に格納されるシーンだ。**「守り切れないなら隠してしまえ！」**と言わんばかりに、高層ビルが次々と引っ込んでいく様はなかなか衝撃的である。たしかに上空からの攻撃に備えるには、これが最も合理的な対策だ。

現状、さすがにここまで高機能の要塞都市はさすがに存在しないが、技術さえ追いつけば十分理にかなった要塞だと言えるだろう。

実際、**建築の在り方というものは、日常的に建築・設計に向き合っている建築家からでなく、その外部の技術進化によって大きく変わるということも多い。**例えば、地上数十階建ての高層ビルは今では当たり前に目にすることができるが、これはエレベーターの技術なしには誕生し得ないものだった。

建築に革命を起こすのは、なにも建築家だけではないのだ。そう考えると第三新東京市だって、まったくの夢物語というわけではないのである。

ただ、それだけ完璧に見える第三新東京市でも、作中では結構な頻度でギリギリまで攻め入られているような気もしないではない……。使徒に対しては、これほどの徹底防御でも足りないという事だろうか。

そうなると、水平防御をより機能させるための技術開発が……という妄想は、また別の機会に譲るとしよう。

防御に全振り！　暮らしにくい要塞建築

次はいよいよ本丸だ。地下空間「ジオフロント」内に位置する「ＮＥＲ

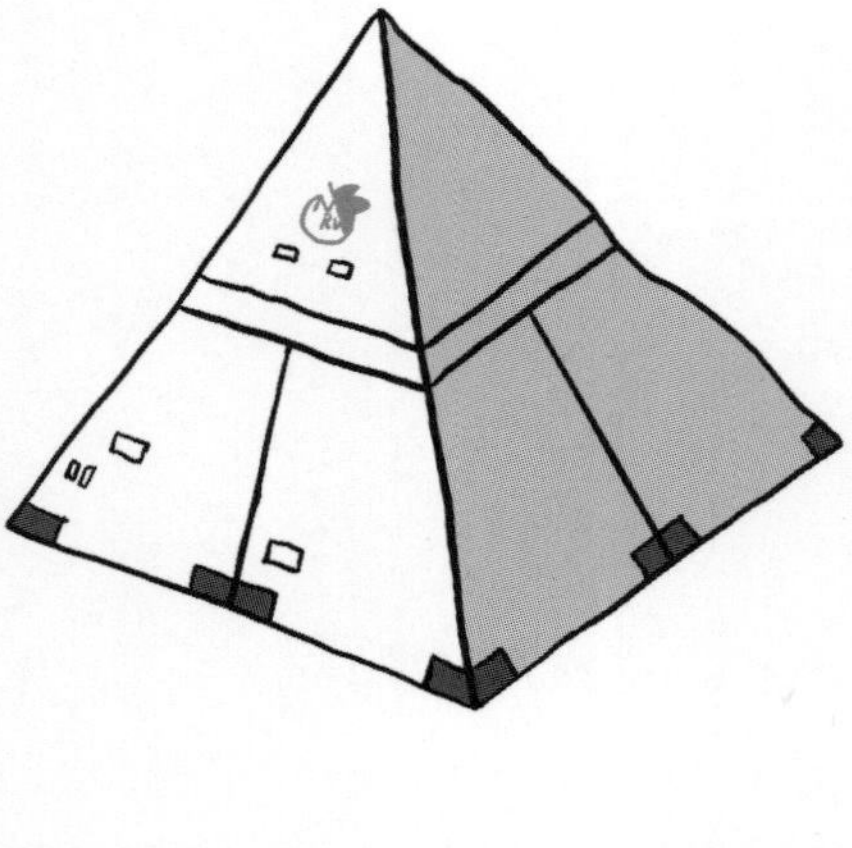

※3　ＮＥＲＶ本部

V本部」[※3]をじっくり見ていこう。

ＮＥＲＶ本部といえば、どこか神聖な佇まいをしているピラミッド型の建築物である。採光や通気性のための窓などは一切見当たらず、見るからに過ごしにくそうではあるが、このような形状にはどんな意味があるのだろうか。実在する要塞建築と比較しながら考えてみよう。

第二次世界大戦時、フランス西部にドイツ軍が建設した**「サン＝ナザール要塞」**[※4]の砲撃指揮所。分厚いコンクリートで固められたこの建物はいかにも防御力に全振りといった造りで、攻略するには相当苦労しそうだ。
一見すると**表現主義建築[※5]のような独特な造形**をしている要塞建築であるが、本当にこれは戦争に特化した結果生まれた形状なのだろうか？

アニメの戦闘シーンに出てくるバリアは、現実世界には存在しない。では実際砲撃に対応するには、どうすればいいだろうか？

そこでサン＝ナザール要塞の設計者が考えたのは、**〝受け流す〟**という方法だった。そう、サン＝ナザール要塞は、被弾した際に最小限の被害で砲弾を受け流すように計算され造られたのである！

その結果行き着いたのが、このようなキノコ型だったというわけだ。

冒頭でも少し触れた通り、このようなぶっ飛んだ建築物が誕生した背景

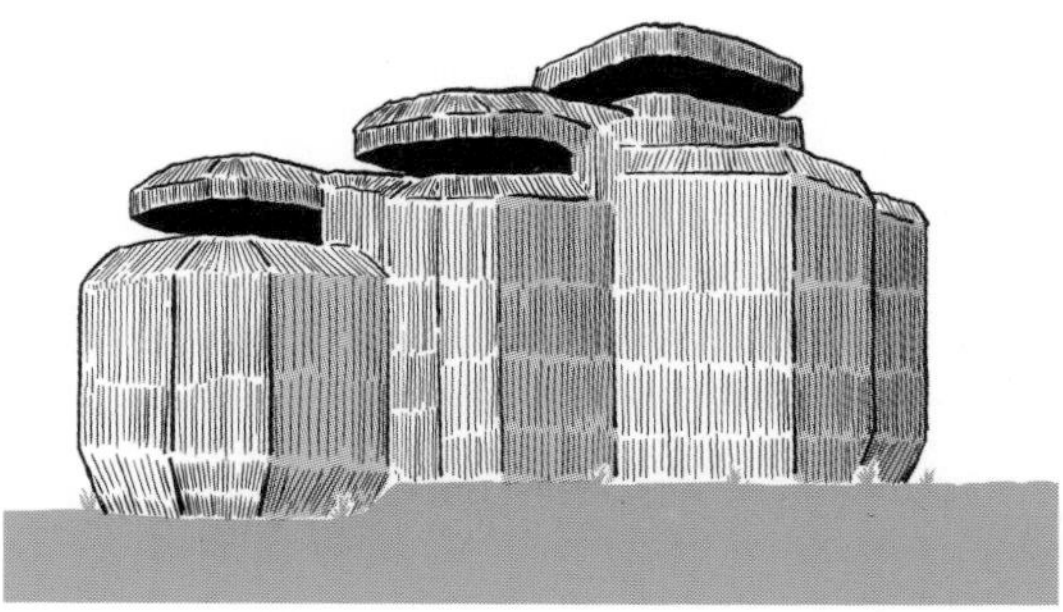

※4 サン＝ナザール要塞

※5 第一次世界大戦が終結したヨーロッパで見られた建築様式。伝統的な様式とは異なる、斬新で有機的なフォルムが特徴。レンガや鉄、ガラスなどの大量生産による新たな技術的可能性を発想の種としており、エーリヒ・メンデルゾーンの「アインシュタイン塔」などが代表作として挙げられる。

には、戦争という歴史がある。

20世紀における表舞台の機能主義建築とは、軽やかな白い箱型の形態、水平に延びる窓面、開放的な空間を持ち合わせているのが特徴であった。

機能主義を唱える建築家ルイス・サリヴァンによる、

〝形態は機能に従う〟

というフレーズは有名だが、機能の側面が満足されれば、建築的な美は自然にそして必然的についてくる、という建築の考え方が主流となっていたのだ。

そういった表舞台とは別に、第二次世界大戦中には、戦争に勝つという目的だけを追求した究極の機能主義建築が誕生していた。

開放的な機能主義建築とは対極にある、コンクリートの塊で造られた機能主義建築――ひとまず要塞建築とは、こう定義することができるだろう。

機能主義という枠組みは同じでも、求める機能が違うとここまで形が変わってしまう。

これもまた、建築の面白いところである。

現実の要塞建築を見ていると、NERV本部にもその要素がしっかりと揃っていることがわかる。

窓が一切ない巨大な鉄（?）のピラミッドは、まさに「勝つこと」以外の一切を度外視した要塞建築そのものである。

建築家としては是非ＮＥＲＶ本部の空間を体感してみたいものだが、いつ来るか分からない使徒の恐怖に耐えるのは辛いため、社会科見学程度に留めておきたいものだ……。

第三新東京市は箱根をモデルにしているそうなので、ついでに温泉にでも浸かれたら最高である。

COLUMN_09

「動く建築」は存在した！

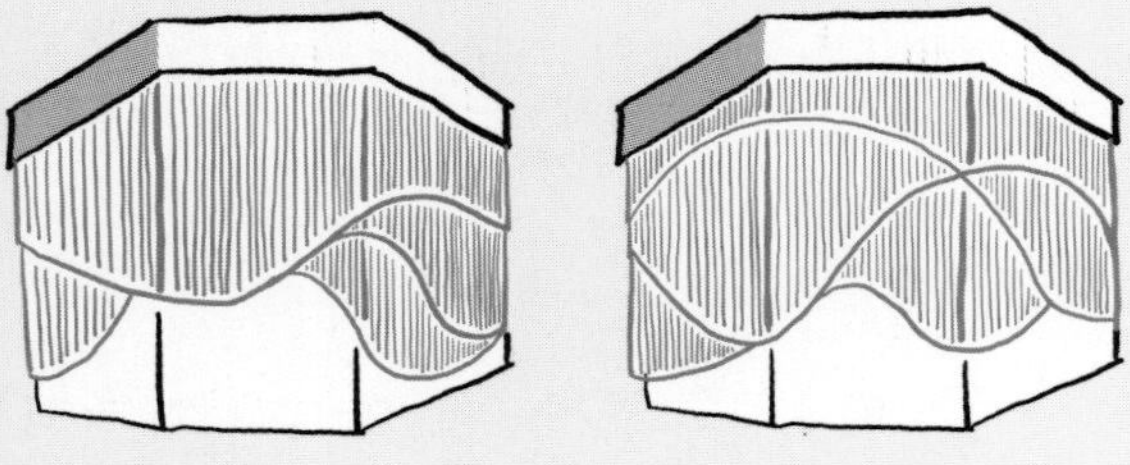

The Bund Finance Center

本文では詳しく取り上げなかったが、第三新東京市において地上と地下を移動する建築群のインパクトはやはり無視できないだろう。「動く建築」なんて、果たして実現することは可能なのだろうか？

フォスター・アンドパートナーズとヘザーウィック・スタジオが設計した、展示ホールとイベントホールを組み合わせた芸術文化施設「The Bund Finance Center」を見ていただきたい。

上海の外灘という歴史深い土地に建つ、この不思議な形の建物。ステンレス鋼パイプでつくられた竹のような形の3重スクリーンが目を引くが、実はこのスクリーン……動くのである。

劇場のカーテンから着想を得たというこの意匠は、3つのスクリーンの組合せによって完全開放されたり、あるいは閉ざされたりと、用途によって自在に変形させることができるのである。

閉ざされている時の外観はさながら要塞建築のようであるが、「建築物＝形が決まったもの」という既成概念を覆してみせた、非常に意欲的な作品だ。

また、形態を変えることで都市景観における印象も変化させることができるという点でも、まったく新しい建築の在り方を提案した面白い試みである。

さすがに都市ごと上下移動するような事例は今のところ存在しないが、そんな夢のような都市が実現できる時も案外近づいてきているのかもしれない。

No.010

ゲゲゲの鬼太郎

家は住むためだけじゃない！
建築が持つもうひとつの価値とは？

作家・水木しげるによるマンガ作品。妖怪作品の金字塔としても知られる。水木による原作をもとに製作された、アニメをはじめとする作品群は高い人気を博し、今なお広い世代に愛され続けている。

建築が持つもうひとつの意味

朝は寝床、昼はお散歩、夜は墓場で運動会……という斬新なライフスタイルを確立している、ゲゲゲの鬼太郎。

そんな鬼太郎と目玉おやじが一緒に住んでいるのが、通称**「ゲゲゲハウス」**と呼ばれるツリーハウスである。日本で一番有名なツリーハウスとしてお馴染みのゲゲゲハウスだが、私たちが暮らすこの世界にも、あんな風に木の上に乗った不思議な建築がある。

この建物はなぜ、こんな形をしているのだろうか？
この建物はなぜ、この土地に作ったのだろうか？

建物を造るときには、機能性や快適さを担保するだけでなく、土地の歴史や文化を反映することで、独自性をもったデザインを実現するという場合もある。

建築物は、厳しい環境から人間を守るシェルターであると同時に、歴史や文化を継承するための装置でもあるのだ。

ここではゲゲゲハウスと、そこで暮らす鬼太郎や目玉おやじのような妖

ゲゲゲハウス

樹木を基礎として利用する建物を一般にツリーハウスと呼ぶ。
居住スペースの造りは、質素な日本家屋といった雰囲気だ。
ゲゲゲハウスが建っているのは東京都の調布市。作者ゆかりの土地だ。

怪の存在をヒントに「地霊（ゲニウス・ロキ）」という一風変わった建築概念について見ていこう！

ゲゲゲハウスは実在した？

その土地の歴史を反映した建築物とは、どういうものか？

それを説明する前に、まずは**「ゲニウス・ロキ」**という概念についてご紹介する必要があるだろう。

ゲニウス・ロキとはラテン語で**「土地を守る精霊＝地霊」**という意味の言葉だ。現代建築においてこの言葉が重要視されるようになったきっかけは、１９７９年にクリスチャン・ノルベルグ＝シュルツによって出版された『ゲニウス・ロキ　建築の現象学を目指して』である。

当時の建築はちょうど**「ユニバーサルスペース」**[※1]という概念の登場によりモダンでシンプルなデザインが主流となっていたが、その一方で、**「これでは似たような建物ばかりで退屈になっちゃうじゃないか！」**という批判も出始めていたころだった。

そんななかで再注目されたのが、地霊《ゲニウスロキ》を受け継ぐという考え方だった

※1 建築家ミース・ファン・デル・ローエ（170ページ）が提唱した概念。「空間は利用者によって規定されるべきである」という考え方に基づいた、どのような用途にも対応できる均質な空間のこと。

のだ。ゲニウス・ロキが注目されて以降、建築はモノとしての価値だけでなく、土地が持つ歴史的な性格や、そこで生まれた文化を継承していく役割もあるという考えが広まっていった。

ゲゲゲハウスが建っているのは東京都調布市、下石原にある布多天神の裏だとされている。この神社は1900年以上も前、つまり第十一代垂仁天皇の時代に創建されたという歴史ある古社だ。

人間の寿命をはるかに超えたスケールで存在し続けてきた、まさに「地霊」が宿っていると表現するにふさわしいロケーションである。

さらに**調布市は作者である水木しげるが長年住み続けた土地であり、そういった意味でも作品と土地の関係は濃密に結びついている。**

長野県にある**「高過庵《たかすぎあん》」**（次ページ図）はそんなゲゲゲハウスとそっくりな見た目もさることながら、土地の歴史を踏まえた建築という意味でも共通点を見出すことができる面白い建築だ。

高過庵は長野県茅野市出身の建築家・建築史家である藤森照信氏[※2]の代表作品。彼が生まれ育った生家の畑の中にあるこの「リアル・ゲゲゲハウス」はその名前の通り、**高すぎる場所にある茶室**である。

この高さによって、茶室は外界から離れた団らんの場になり、時に応接間としても使われている。

※2 ゲニウス・ロキと似た意味を持つ、「バナキュラー」という言葉がある。これは「土着的な」という意味の語だが、ある時建築家の原広司が神長官守矢史料館をみて「無国籍の民家だ」と評したことをきっかけに、藤森氏は自分の目指すものは「インターナショナルバナキュラー」だと公言している。

高過庵

藤森氏本人も、「高くし過ぎたか？」と反省しているという噂も…。
高過庵は高さ６ｍもある木の上に建てられている。
茶室からは土着の風景を望むことができる。
全体を支えているのは２本の細い木だ。

また窓からは、近所の家族が畑仕事をしている様子をながめることができるようになっている。

合理的に考えれば、出入りに手間がかかり、強風で揺れたりもするため、きわめて不便な建物と言えるかもしれない。

しかし自らが生まれ育った土地というロケーションや、茶室の内部から見える土着の風景を考慮に入れると、小さい頃からこの場所で育ち、山を遊び場にしていた藤森氏ならではの建築だとも言うことができる。

機能や性能の尺度ではなく、土地の特徴を活かしながら自らの原風景を反映させたのが、この高過庵なのだ。

単なる引用ではない、サンプリング建築

高過庵の近くに、**「神長官守矢《じんちょうかんもりや》史料館」**（次ページ図）という建築がある。こちらもまた、藤森氏の作品だ。自然が持つ不均一さをあえて前面に押し出した外観や、なぜか屋根から突き出している木の柱などが印象的な建築である。

この史料館は、諏訪大社の筆頭神官を代々務めてきた守矢家が保管して

神長官守矢史料館

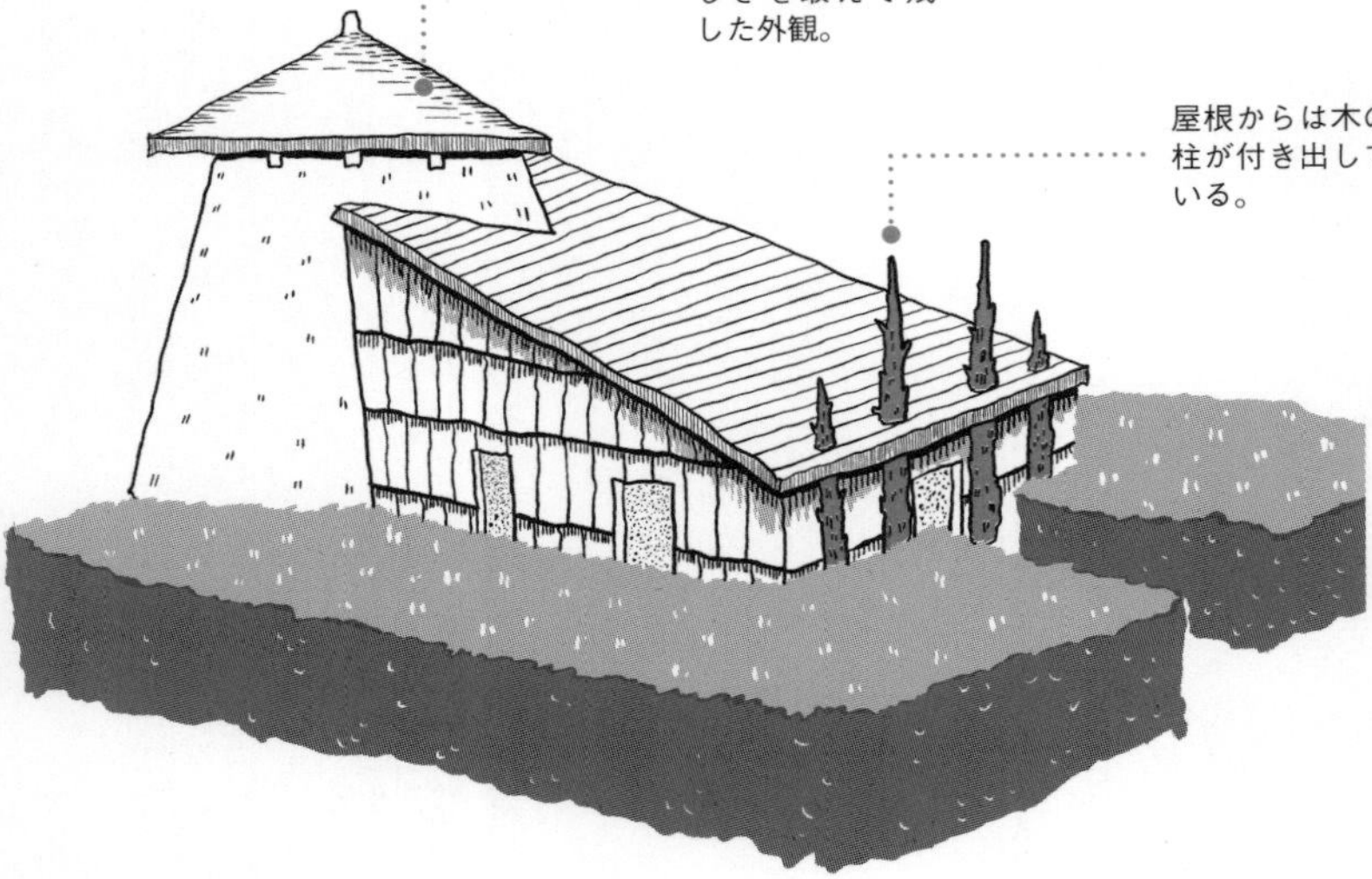
自然が持つ荒々しさを敢えて残した外観。
屋根からは木の柱が付き出している。

外壁には製材の技術が発展する以前の「板」が用いられている。
4本の柱は、長野県の伝統的なお祭り「御柱祭」を参考にしている。

いた歴史資料が長野県と茅野市の文化財になったことから、それを保管・展示するためにつくられた建築である。藤森氏の名付け親は当時の守矢家の当主であり、次の代の当主とは幼馴染であったという縁から、設計を手掛けることになった。

藤森氏は、この史料館の設計にあたって守矢家の歴史を表現する建築を目指した。しかし守矢家は民家や神社といった建築物が登場する以前からの古い歴史を持っていたため、本当の意味で守矢家を表現できる建築様式は存在しない。

「建築」が生まれるより前には当然、建築様式や形式といった概念はなく、言わばただの石、木、土、などの素材だけがあるという状況である。そこで藤森氏は、より原始的な建築形式や工法を取り入れることで「守矢家に受け継がれてきた歴史」を表現しようと考えた。

史料館を見てみると、たとえば入り口の屋根を貫く4本の柱は、巨木を社殿の四方に建て神木とする「御柱祭」という長野県の伝統的なお祭りをヒントに設計されている。

外壁のサワラの板張りは現代のような鋸による製材ではなく、ナタを使って板の切れ目を薄く剥ぐという、**「建築」以前の工法**が用いられている。今で言う「板」は守矢家が誕生したずっと後の室町時代に発明されたものなので、**〝板よりも古い板〟**が用いられたのだ。

藤森が用いたこの手法がすごいのは、単なる〝引用〟に留まっていないというところだ。ただ表面的にデザインをサンプリングするのではなく、歴史への深い理解を下敷きに、**「この土地、この文脈でしか成立しない守矢家の建築」**がしっかりと表現されている。

これは建築史家でもある藤森氏だからこそできた仕事だと言えるだろう。※3

人々の記憶に残る優れた建築の背景には、その土地の歴史や人々の記憶＝地霊が生きている。そういう意味では、地霊とも言える鬼太郎たちが住むゲゲゲハウスは、単なるオンボロなツリーハウスではなく、数百年単位の歴史を経て存在し続ける、時代を横断する建築なのかもしれない。

※3　こちらも藤森氏による「空飛ぶ泥舟」という作品。高過庵や神長官守矢史料館の近くに建設された、空飛ぶ茶室だ。

COLUMN_10

意外と身近なゲニウス・ロキ

厳島神社の大鳥居

ゲニウス・ロキといえば、他の項目で取り上げた「厳島神社」と「広島平和記念公園」についても触れておきたい。本書ではまったく別の文脈で取り上げた2つの建築だが、実はゲニウス・ロキという観点から見ても語りどころのある作品なのである！

建築史家の鈴木博之は、著書『日本の地霊　ゲニウス・ロキ』の中でこの2つを取り上げている。鈴木は著書のなかで、厳島神社が陸地を避け海の中に建てられたのは、聖域である背後の山を侵さないようにするためではないか、という論を展開している。

そして海上の鳥居からは、ご神体である山に向けたきれいな軸線が通る。これは土地の場所性＝ゲニウス・ロキに最大限敬意を払っていることに他ならないのではないか――。

簡単な要約ではあるが、鈴木はこのようなことを述べている。

また鈴木は同書のなかで、慰霊碑の空洞を通じて原爆ドームを眺めるように設計された広島平和記念公園もまた、原爆による凄惨な歴史の残る場所に眼差しを向け続ける建築である、という指摘もしている。

ゲニウス・ロキという小難しい言葉自体は、一般には耳なじみの薄いものかもしれない。しかし鈴木の論を受けて考えてみると、実は地霊に敬意を払った空間というものは、無意識のうちに多くの人々に受け入れられていると言うこともできるのではないだろうか。

高過庵

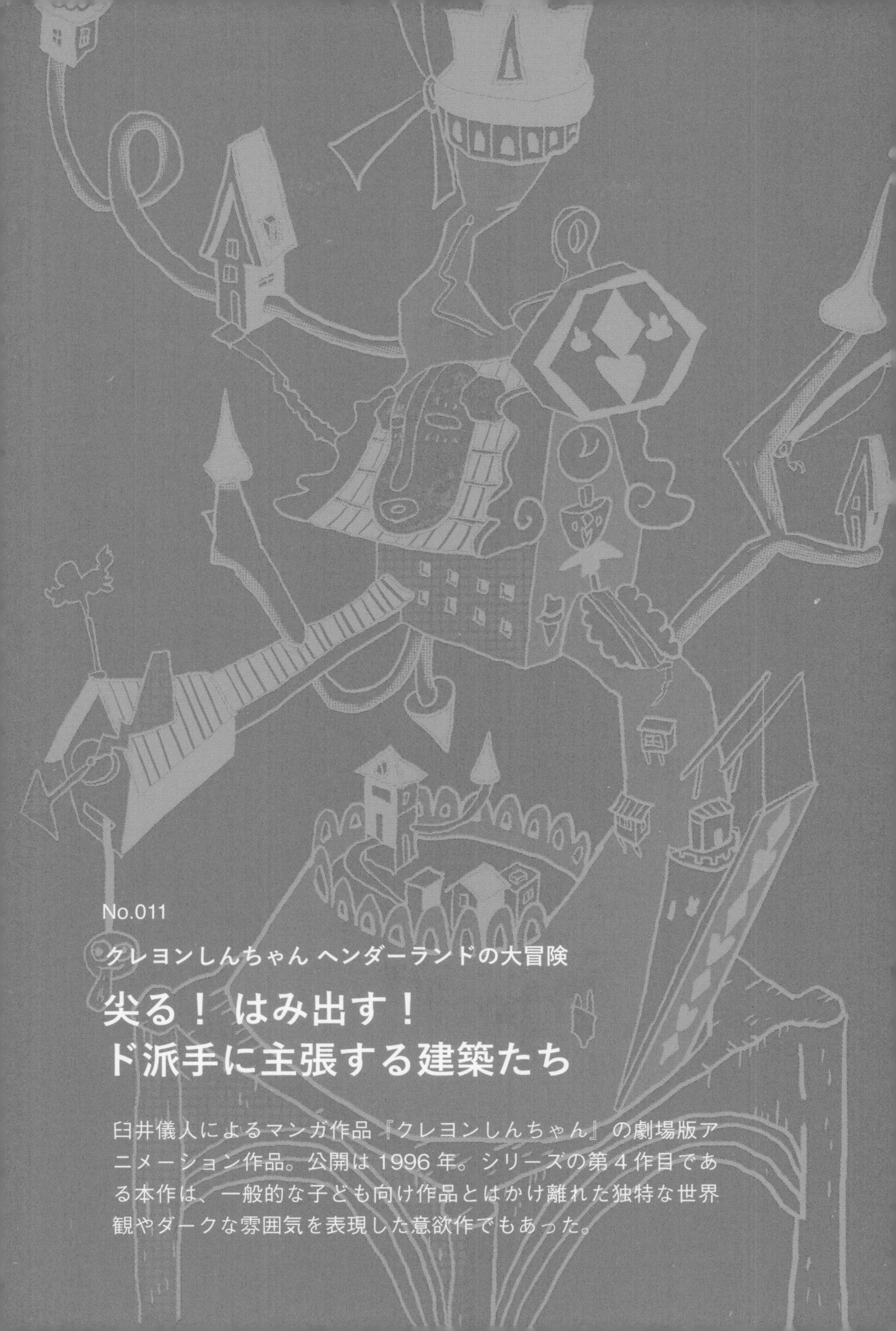

No.011

クレヨンしんちゃん ヘンダーランドの大冒険

尖る！ はみ出す！
ド派手に主張する建築たち

臼井儀人によるマンガ作品『クレヨンしんちゃん』の劇場版アニメーション作品。公開は 1996 年。シリーズの第 4 作目である本作は、一般的な子ども向け作品とはかけ離れた独特な世界観やダークな雰囲気を表現した意欲作でもあった。

新進気鋭の建築たち

コルビュジエのサヴォア邸（21ページ）のような**シンプルでモダンな建築デザインは、長らく主流かつ人気であり続けている。**雑誌の表紙や街で見かけるカッコイイ建築は、複雑で雑多というよりもフラットで洗練されているイメージだろう。

その一方で、**モダニズムの合理性への批判や再解釈を孕んだ、前衛的なデザインが提案されてきた歴史**もある。保守的な人々からの批判を受けつつも、

「自分たちはド派手でおもしろい建築を造るんだ！」

と新しい価値観を生み出そうとする尖った建築家たちは、どの時代にも存在したのだ。

ここで思い出したいのが、劇場版初期の名作『クレヨンしんちゃん ヘンダーランドの大冒険』に登場する**「ヘンダー城」**だ。

ヘンダー城が聳えるのは、群馬県の湖に突如オープンした遊園地「ヘンダーランド」。「おとぎの森」「ヘンダータウン」「プレイランド」の3つのエリアに分かれており、吊り橋や鉄道等で行き来することができるテーマ

ヘンダー城

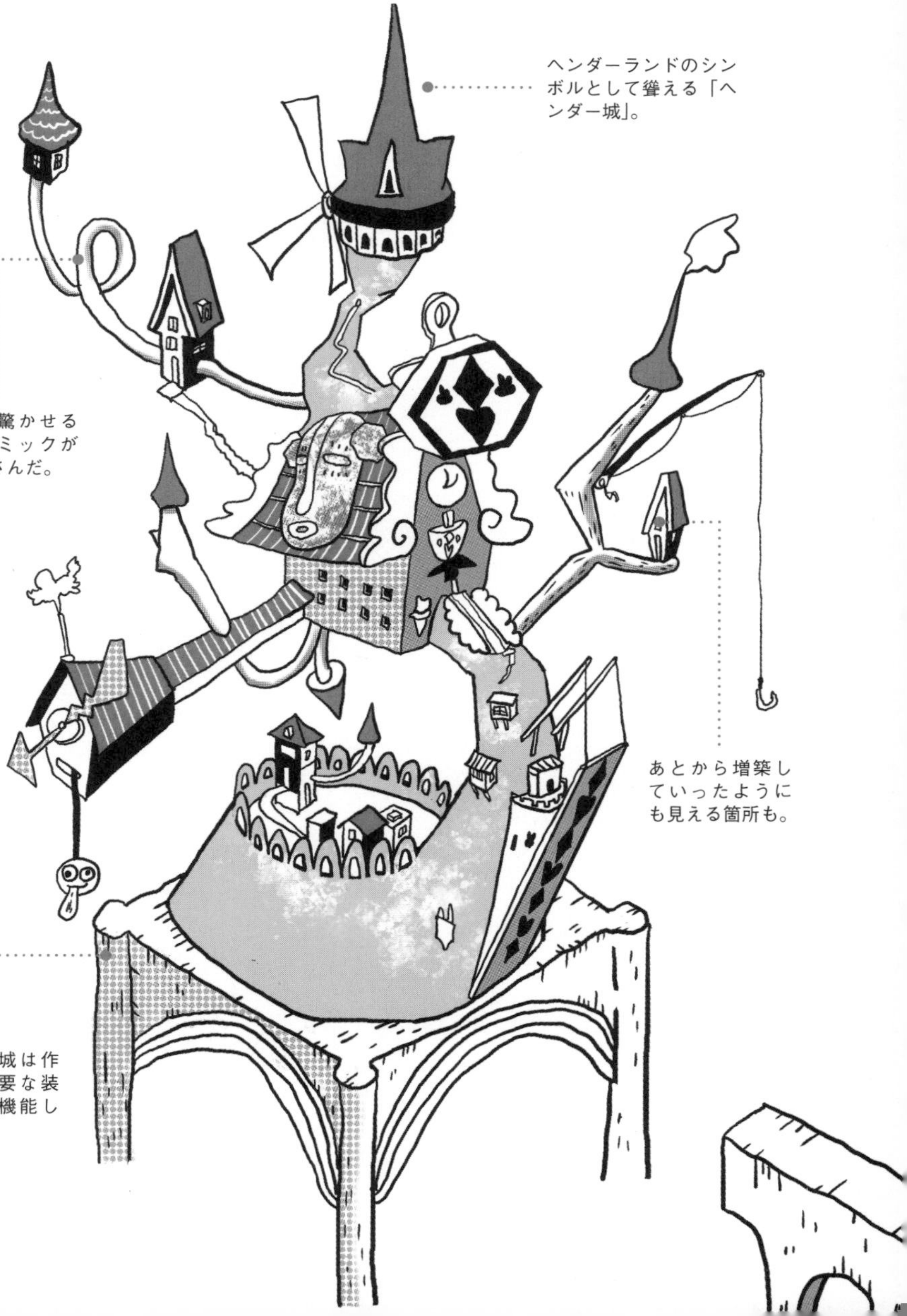
ヘンダーランドのシンボルとして聳える「ヘンダー城」。
見る者を驚かせるようなギミックが盛りだくさんだ。
あとから増築していったようにも見える箇所も。
ヘンダー城は作中でも重要な装置として機能していた。

パークである。

ぱっと見はディズニーランドのオマージュかと思えば、そう一筋縄ではいかないのがクレヨンしんちゃんの世界観。ヘンダー城のデザインは、シンデレラ城には似ても似つかない奇妙な造形をしているのだ。

本項ではそんなヘンダー城のアイコニックなデザインを参考にしつつ、ド派手に〝主張〟する建築についてご紹介したい。

「シンプルなんてつまらない！」

と言わんばかりのヘンテコな設計は、どれもかっこよくて面白いものばかりだ！

秩序を破壊せよ！ ダダイズム建築

ヘンダー城でまず目を引くのが、その奇妙な造形だ。右に伸びたかと思えば左に曲がったり、後から付け足したような塔が付いていたりと、合理性を無視した極端なデザインである。

このような造形はフィクションでしかあり得ないと思いきや、現実世界でもヘンダー城のような前衛的なデザインの建物が次々と誕生した時期がある。その契機となったのが、**「ダダイズム」**という芸術運動だ。
1910年代半ばごろから各国の主要都市で次々と起こったこの運動は**「秩序の破壊」**を目指し、詩や絵画、そして建築にまで波及した。

代表的なダダイズム建築をひとつご紹介しよう。**芸術家クルト・シュヴィッタースによる「メルツバウ」**[※1]という作品だ。

この抽象的かつ幾何学的な造形は、交流のあった芸術家や建築家の頭髪、拾ってきた廃棄物などを柱にくくりつけるという方法で、作者のクルト・シュヴィッタースのアトリエ兼住居で製作された。

完成させるのではなく、継続的に作り変え続けるという実験的なアプローチが取られていたのも面白いポイントである。それまでの「当たり前」を破壊しようとする無秩序なデザインが、当時の人々を驚かせた。

そんな**ダダイズム建築の潮流は、現代にも多大な影響を及ぼしている。**たとえば荒川修作[※2]とマドリン・ギンズという2人の芸術家による**「養老天命反転地」**（次ページ図）は、その良い例だ。

どこかヘンダーランドを思わせる色使いのこのテーマパークは岐阜県養老町にある建築・ランドスケープ作品で、年間9万人が訪れる観光地となっている。

養老天命反転地の最大の特徴は、床や壁面が意図的に傾いていたり、曲

※1 クルト・シュヴィッタース「メルツバウ」

養老天命反転地外観

派手な色使いでインパクト大な外観。

養老天命反転地内観

身体感覚を揺さぶられる内部の造り。外観と同様、色使いも特徴的だ。

がったりしている点だ。

これには、通常の建築で当たり前とされている水平・垂直という概念を意図的に崩す（〝反転〟させる）ことで、来訪者が本能的に持っている「身体性」を揺さぶり、呼び起こそうとする意図がある。

「当たり前を疑う」というダダイズム建築の精神をリアルに体験できる、たいへん面白い作品だ。※3

このように既成概念を疑うスリリングなダダイズム建築のデザインは、常に私たちの価値観に何かを訴えかけてくる。

ただ単に**「派手で変わってるな〜」と捉えるのも良いが、その奥にある意図を知ることができれば、より建築鑑賞は楽しくなるはずだ。**

シンプルじゃつまらない？

次にヘンダー城の装飾に着目してみよう。

過剰に飾り付けられたヘンダー城は、いわゆる「洗練」とは対極にあるデザインだと言える。実際コルビュジエによるモダニズムや近代建築の五原則が登場し、その後ポストモダンの潮流が生まれるまでの間、建築デザ

※2 荒川修作（1936－2010）は、1960年に結成された「ネオ・ダダイズム・オルガナイザーズ」の一員でもあった。このグループもまた、ダダイズムの潮流の中にある。

※3 「養老天命反転地」のカラフルな色使いは、自然光を受けて独特な視覚効果を生む。視覚もまた空間を知覚するのに重要な要素であることを再認識させられるようだ。

インは長らくシンプルイズベスト的な価値観が本流であった。

この価値観をより決定づけた出来事として、1933年に来日した**ドイツの建築家ブルーノ・タウトが、日光東照宮の派手な装飾を「キッチュ（まがいもの）だ」と批判した**のは有名なエピソードである。

より現代に近い話で言えば、同じく**ドイツの建築家ミース・ファン・デル・ローエが唱えた「less《レス》 is《イズ》 more《モア》（より少ないことは、より豊かなことである）」**というテーゼもよく知られている。※4

ミースによるこのデザイン志向はモダンデザインの象徴として、現代デザインの基盤にあり続けている。

しかしだからと言って、ヘンダー城的なデザインを「非合理的でヘンなもの」と簡単に切り捨てることはできない。

1960年代、**アメリカの建築家ロバート・ヴェンチューリは、「キッチュ（まがいもの）」を肯定的に捉えなおす新しい価値観を提示した。**

ヴェンチューリは著書の中で、行き過ぎたレス・イズ・モアは同じような建築ばかりを生み出しているとして、これを**「less《レス》 is《イズ》 bore《ボア》（より少ないことは、より退屈なことである）」**と批判したのだ。

そして過度に禁欲的な建築へのアンチテーゼとして取り上げたのが、ラスベガスのロードサイドによく見られるアイコニックで商業的な建築群だった。※5

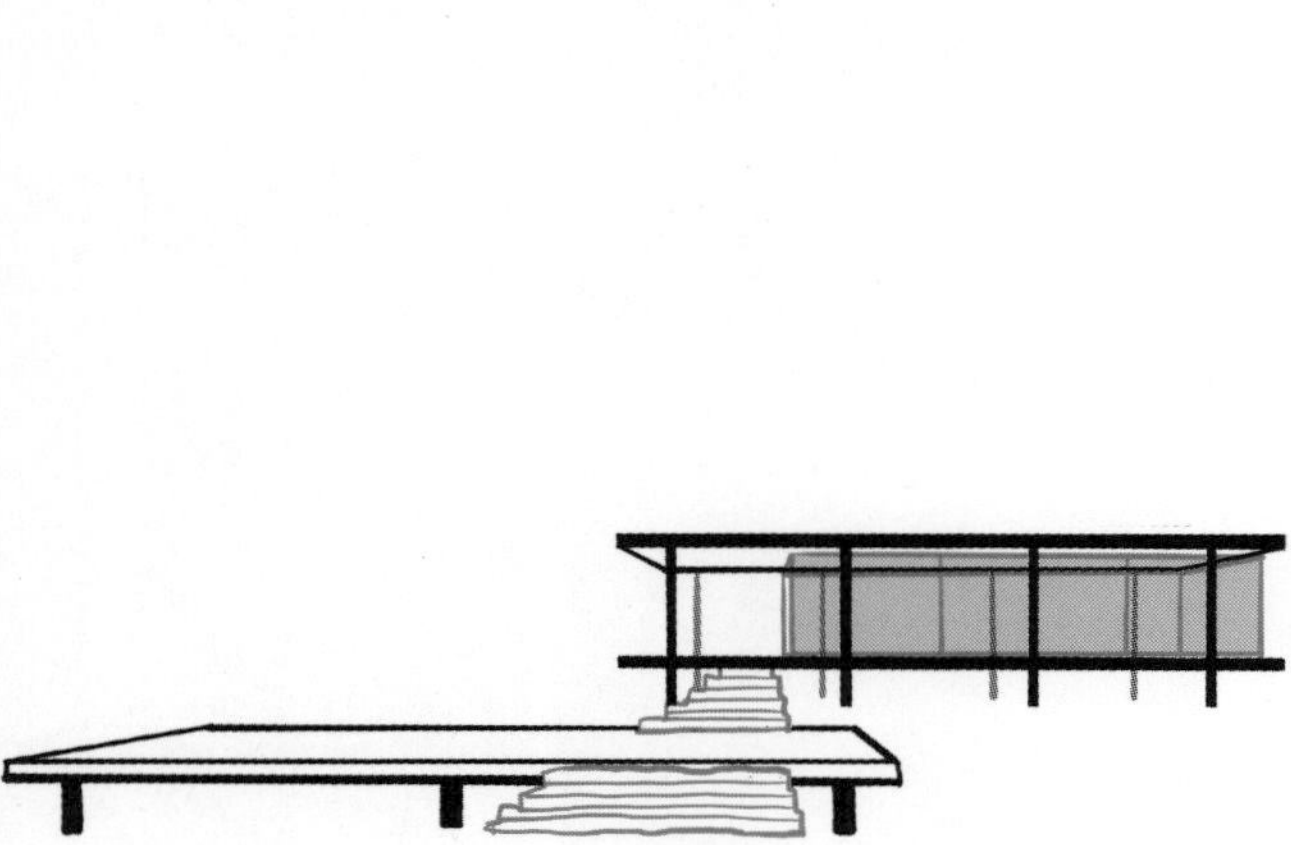

※4 ミース・ファン・デル・ローエが自身の思想を反映させた傑作「ファンズワース邸」。

ヴェンチューリは、これらの建築は複雑さや矛盾を孕み、訪れた者が様々なイメージを膨らませることができるという点で優れていると評した。さらに、そのイメージから生まれる鑑賞者間のコミュニケーションにも価値を見出した。

この目線で改めてヘンダー城を見てみると、

「あの部分はどうなってるんだ？」

「中に入ったらどんな感じなんだろう？」

などと、見る者たちの想像力をかきたてるギミックが満載であることに気付く。

確かに洗練された印象はないかもしれないが、ヴェンチューリ的な価値観から見れば極めて魅力的な、優れた建築物だと言うことができるだろう。ヴェンチューリのように従来の価値観を疑う人物が登場することで、建築という分野は更なる発展を遂げ、成熟してきた。それはきっと、他の業界でも同じではないだろうか。

究極の「それっぽさ」テーマパーク建築

派手な装飾（キッチュ）は、ある種の「わかりやすさ」に繋がる。その行

※5 ヴェンチューリが取り上げた、アイコニックなロードサイドの建築。

き着く先は、**「テーマパーク」**だ。

たとえばディズニーランドにおけるシンデレラ城やUSJにおけるハリーポッターのエリアなど、テーマパークにはわかりやすい「それっぽさ」が溢れている。

そしてこのような「それっぽい造形」は、私たちの日常にまで浸透してきている。一目でそれと分かるパチンコ店やお城の形をしたラブホテルなど、誰もが一度は目にしたことがあるだろう。

前述のヴェンチューリは、そういった雑多で〝それっぽい〟デザインに価値を見出したわけだが、この**「それっぽい問題」については、建築家の間で割と意見が分かれている。**

たとえば一部では、「テーマパークの建築は、〝作品〟とは言えないのではないか」とする向きもある。

つまり**「建築」とは、その土地や時代背景、構造とデザインの調和など、様々な要素を考え抜いた結果として生み落とされる〝作品〟**であり、「お城っぽいものを作りたい」「レトロ感を出したい」といった答えが先にあって、そこから逆算して作られるテーマパーク建築は、建築〝物〟ではあっても建築〝作品〟ではない、というわけだ。

ちょっと過激にも聞こえるが、そのような主張は実際に存在する。

しかし一方で、**建築物と「それっぽさ」は切っても切れない関係であることもまた事実**だ。

住宅は住宅らしく、オフィスはオフィスらしく。仕事として依頼されている以上、ある程度「これはこういうものだ」というイメージに沿うことは必要だ。**建築家とは、そうやって設けられたルールの中で、さまざまな工夫を凝らしてデザインをしていくプロ**である。

パン屋さんを作りたいという顧客に対して、堅牢なダムのようなデザイン案を提案する建築家はまずいない。

〝らしさ〟のデザインもまた、建築家の大事な仕事なのだ。

COLUMN_11

「遊園地」と「万博」

岡本太郎『太陽の塔』

ひと言でテーマパークと言っても、「遊園地」とは別の意味を持つものも存在する。万国博覧会、いわゆる「万博」だ。最先端の文化や技術が展示され、多くの注目を集める万博。会場の設計には建築家が関わることも多く、建築分野においても次世代の作品が次々と発表される催しである。

これまで日本で開かれた博覧会としては、1970年の大阪万博、2005年に愛知県で行われた愛・地球博がある。特に大阪万博は、会場の総合設計を丹下健三が担当するなど、建築家の関わりが深い催しであった。

また、本文でも登場した黒川紀章や菊竹清訓らの作品も展示され、当時隆盛を極めていたメタボリズムの思想が色濃く反映されたパビリオン（展示館）が実現した。

そして来る2025年に開かれる大阪万博では、会場の総合設計に藤本壮介氏（104ページ）が選出され、また会場内の休憩所やトイレの設計は、次世代を担う若手建築家20組がコンペによって指名されている。

技術の進歩はもちろんのこと、経済成長率や人口規模、自然環境問題やエネルギー問題など、1970年とは全く違う状況にある日本において、果たしてどのような建築が打ち出されるのか。ここで行われる建築家たちの挑戦が、50年後にどんな意味を持つのか。この万博が、建築業界にとって大きな転換点となることは間違いないだろう。

No.012

ハウルの動く城

街が歩いて移動する !?「建てない」建築の世界

2004年に公開された、スタジオジブリ制作の長編アニメーション映画。イギリスのファンタジー小説『魔法使いハウルと火の悪魔』を原作とする本作の監督は、宮崎駿が務めた。少女ソフィーと魔法使いハウルを巡る物語。

「建築」の解体

魔法使いハウルが友人である火の悪魔・カルシファーと共に暮らす移動式シェアハウス、「ハウルの動く城」。金曜ロードショーで見るたびに、

「ここに住んでみたい！」

と夢を膨らませる方も多いのではないだろうか？

作中では魔法によって動いていた城だが、建築界にもかつてハウルの城のように、いや、もっと**巨大な建造物が街中を移動する姿を構想したプロジェクトが存在した。**

それは**「アンビルド」**と呼ばれる、**あえて建築を実現できない／させないことを前提としたプロジェクト**である。

建築に限らず、音楽やファッションなどのジャンルにも言えることかもしれないが、業界のシーンにはしばしば**「それまでの概念を一新する動き」**が出てくる。

ここではスタジオジブリの名作『ハウルの動く城』を参照しながら、建築界に電撃を走らせたアンビルド建築の事例をご紹介したい。

ハウルの城

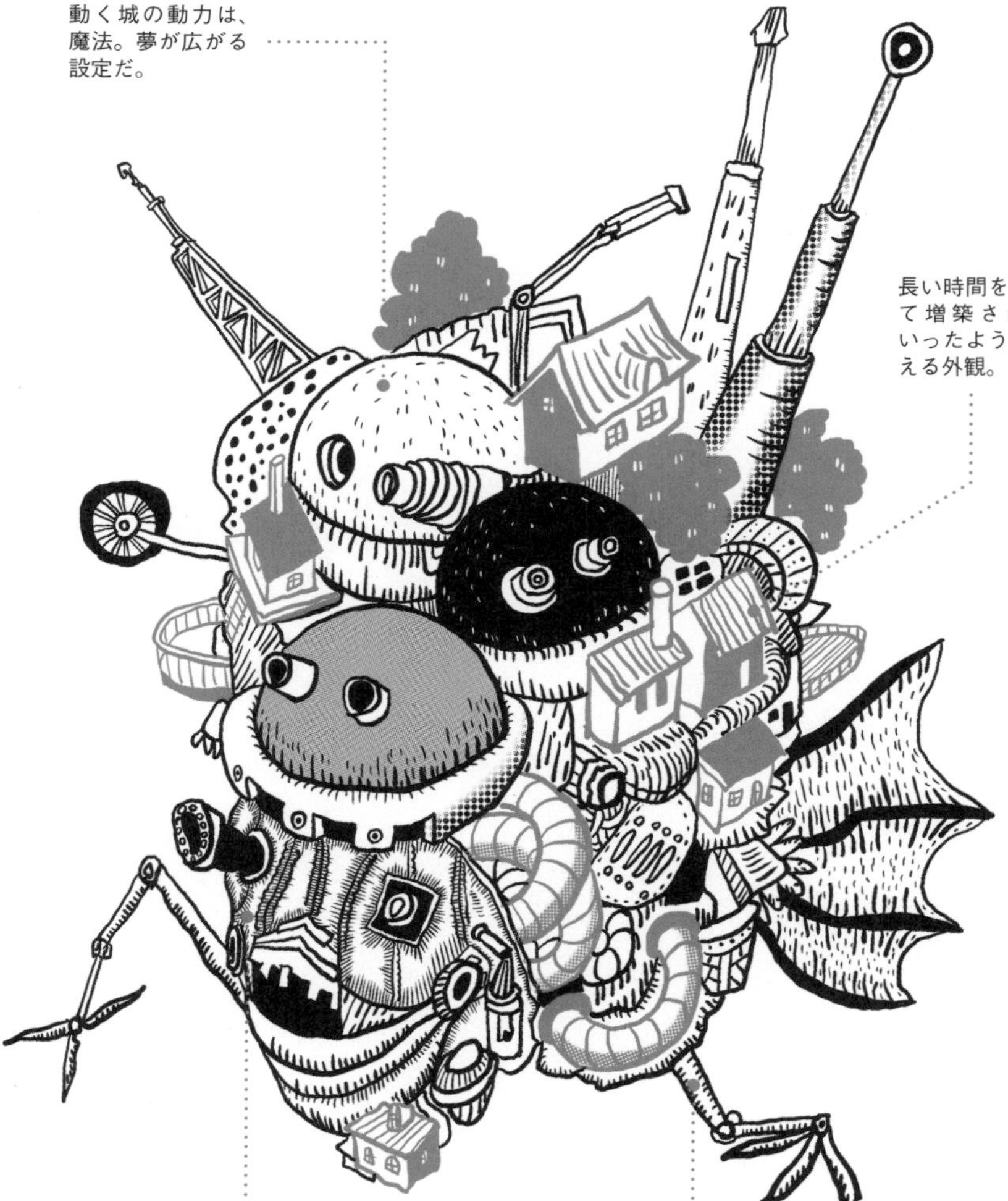
動く城の動力は、魔法。夢が広がる設定だ。
長い時間をかけて増築されていったように見える外観。
城全体は廃材を用いて造られているように見える。
巨大な城が街を歩く姿はインパクト大だ。

摩訶不思議な「ウォーキング・シティ」

ハウルの城さながらの「歩く建築」は、かつて本当に構想されていた。

イギリスの前衛建築家集団**「アーキグラム」による、「ウォーキング・シティ」**という作品だ。

アーキグラムはグループ名と同じ『アーキグラム』という雑誌[※1]を刊行しており、ウォーキング・シティは１９６４年に発表した「アメージング・ズーム・アーキグラム４」に掲載された作品である。ドローイング（線画）はメンバーのひとりである、ロン・ヘロンが手掛けた。

後ろに見えるマンハッタンのビル群から推測するに、ウォーキング・シティは一般的な豪華客船よりやや大きいサイズだろうか。丸みを帯びたボディには、歩くための細長い脚が生えている。

ハウルの城の脚には細かい関節が確認できるが、ウォーキング・シティの方は真っ直ぐ伸縮するような造りになっているのも見て取れる。

イラストには遠近含めて４体がはみ出すように描かれており、いくつもの建造物が自由に歩き回る姿が思い浮かぶ。また、表面に開いた無数の穴

※１　雑誌は１９６１年創刊、１９７０年の第９号まで続いた。革新を志す彼らの姿勢はしばしば「建築界のビートルズ」とたとえられる。

ウォーキング・シティ

A WALKING CITY

マンハッタンの摩天楼を闊歩するウォーキング・シティ。

ボディは全体的に丸みを帯びている。

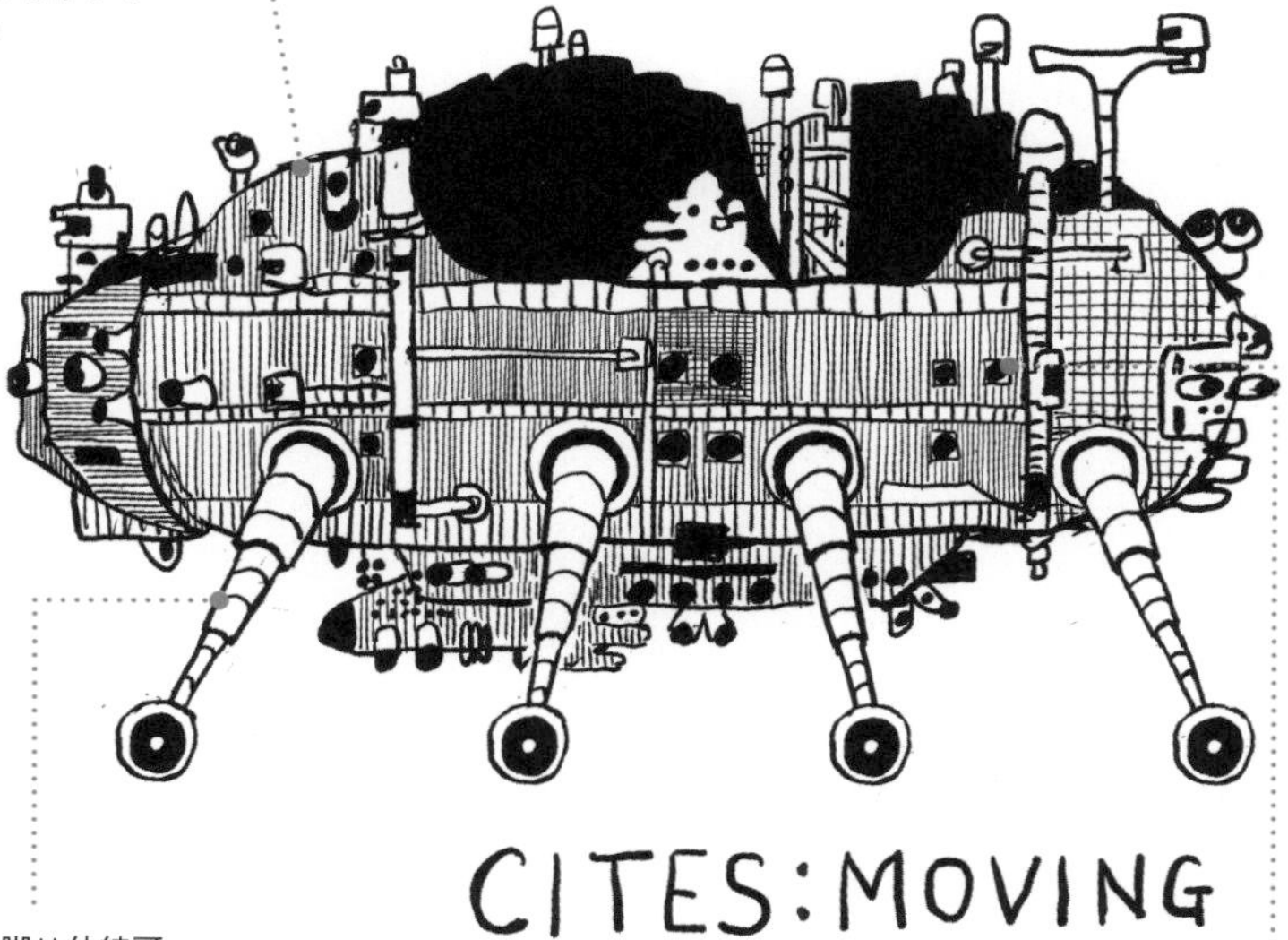
CITES:MOVING

細長い脚は伸縮可能になっているようだ。

表面の穴には「カプセル」と呼ばれる居住ユニットが取り付けられるようになっている。

には「カプセル」と呼ばれる居住ユニットが取り付けられるようになっているらしいが、これもワクワクを刺激する魅力的な仕組みである！

土地に固定されることなく、自由に歩き回ることができる都市――。

確かに心躍る発想だが、

「でも結局はただの妄想でしょ？」

という声も聞こえてきそうだ。

設計図すら存在しない、実現不可能なコンセプトアート。このような作品がなぜ建築界に衝撃を与えたのか、その歴史を簡単に振り返ってみよう。

1920年代以降、ル・コルビュジェに代表されるモダニズムが台頭し、近代建築の五原則や、ユニバーサルスペース（154ページ）などの概念が生まれ、一大ムーブメントとなっていた。しかし1960年代後半、その潮流に変化が訪れる。戦後の民主主義社会が作り上げてきた体制への不満を、大衆が訴える時代が訪れたのだ。

学生運動に代表されるこの運動は建築に限らず、アートや音楽の世界でも同様に広がっていた。

既成の価値観を問い直そうとした1960年代～1970年代。

世界各国の建築業界では、**近代建築の固定観念からの脱出を試みた批評**

※2　磯崎新（1931－2022）は大分県出身の建築家。ポストモダン建築を牽引した重要な人物である。哲学的なアプローチから建築と向き合う磯崎は、まさに知性の塊だ。めちゃくちゃ難しいため途中で挫折してしまう人も多いが、『建築の解体』は建築学生必読と言える名著である。

的な作品が次々と生まれた。この流れを汲む形で台頭してきたのが、アーキグラムである。

この動きを磯崎新※2**は「建築の解体」と称し、**ハンス・ホライン、チャールズ・ムーア、セドリック・プライス、クリストファー・アレグザンダー、ロバート・ヴェンチューリ、スーパースタジオ／アーキズーム、そしてアーキグラムなどの建築家たちを紹介した書籍『建築の解体』をまとめあげた。

この書籍は建築業界における60年代を鋭く見通した、今なお広く読み継がれる名著である。本書で紹介された建築家たちは、当時の建築業界に大きな衝撃をもたらすこととなった。

アーキグラムをはじめとする「建築の解体」を試みた建築家たちが現代においても大きな影響を与え続けている背景には、この本の存在が欠かせない。

アーキグラムが後世に与えた影響は、とても大きい。

東京オリンピック・パラリンピックの会場として建設される新国立競技場デザインの採用案で注目された**ザハ・ハディド**や、ユダヤ博物館で知られる**ダニエル・リベスキンド氏**――。

脱構築主義（191ページ）の建築家として多くのアンビルドのドローイングを発表した彼ら※3だが、実は若い頃にロンドンのＡＡスクールにてアーキグ

※3 ザハによるドローイング
「Tokyo International Forum」

ラムと交流があったことが明らかにされている。[※4]

アンビルドの素地があるザハやリベスキンド氏はその後、数々の名建築を実現させる名作家として世に羽ばたいていった。

すべてを飲み込む美術館

ハウルの城の特徴として「歩くこと」の他に注目したいのは、その作られ方である。外観を細かく見ていくと、この城は、秩序立てて準備された材料ではなく、古くなった鉄板や戦艦の部品、木材などを寄せ集めて作られているように見える。

建築の世界ではここまで極端なコラージュによって建物を作ることはほとんどないが、アンビルド建築となると話は別だ。現代におけるアンビルド建築の旗手、マーク・フォスター・ゲージ氏による**「ヘルシンキ・グッゲンハイム美術館」**を見て欲しい。

この案は2014年に行われた「グッゲンハイム・ヘルシンキ美術館設計コンペ」に応募された作品。**インターネット上から無作為に集められた3Dモデルをコラージュすることで制作**されている。

※4 新版アーキグラム（1990）の序文にて、メンバーのピーター・クックによって記されている。

ヘルシンキ・グッゲンハイム美術館

ネット上から無作為に集められた素材で作られたグッゲンハイム美術館。

全体に漂う物々しい雰囲気は見るものを圧倒する。

遠くから見ると、集積された無数の素材はただの凹凸にも見える。

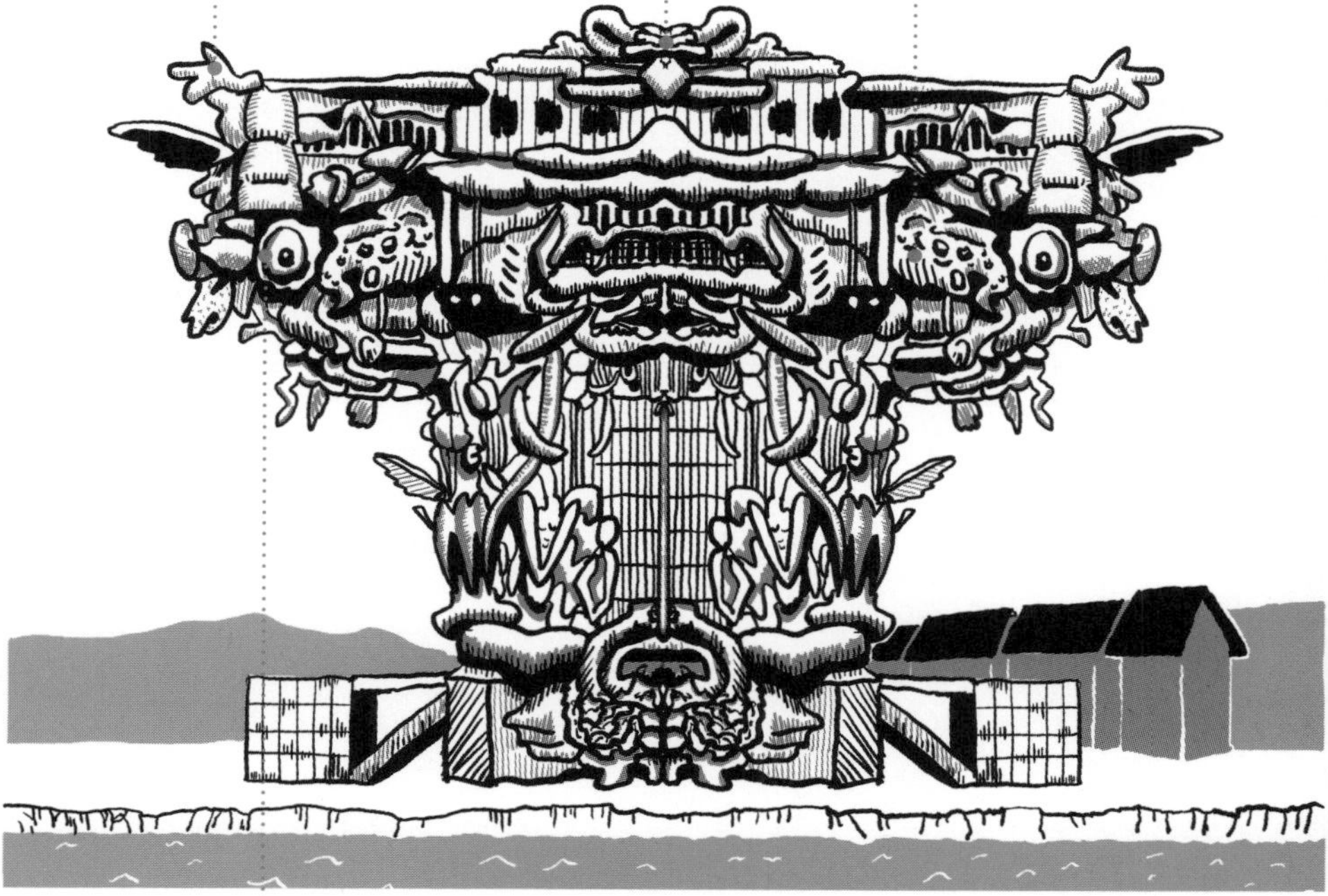

よく見るとさまざまなオブジェクトが素材として使用されているのがわかる。

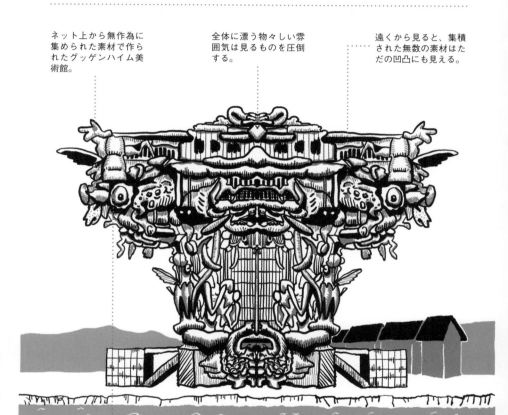

一見するとたくさんの凹凸が施された建築のようだが、拡大してみるとそれがただの凹凸ではないことに気付く。単なる凹凸に見えていたそれらの装飾は、熊のキャラクターであったり、魚のひれのようであったり、思わずギョッとするようなモチーフの集積になっているのだ。

寄せ集めという点ではハウルの城との類似性がある一方で、グッゲンハイム美術館は集められた個々の形にさらに変化を加えることによって、独特な形態を生み出している。そういった意味では、マーク・フォスター・ゲージ氏はハウルを超えた高度な魔法使いなのかもしれない。

COLUMN_12

ハウルの城のそっくりさん？

石山修武「幻庵」

石山修武氏の「幻庵」は、工業製品を集めてつくられた名建築だ。用いられたのは、用水路や小型トンネルなどの土木工事で使用されるコルゲートチューブや、鉄とガラスと工業用部品。その作られ方に由来するのか、あるいは単純にビジュアルのせいだろうか。幻庵を見ると私はいつも、ハウルの動く城を思い出してしまう。

ハウルとカルシファーがどうやって材料を集めたのかは作中で描かれていないが、ハウルが戦争に協力することを求められており、戦地に向かう機会も多かったことから推察するに、城に使われた鉄材は戦闘機や軍艦から拾い集めたものではないだろうか。戦中において貴重なはずの鉄くずを贅沢に使ったハウルの城には大砲のような部分も見受けられるものの、今にも転びそうな機動力のなさは、材料が持つ元来の在り方を否定しているようにも見える。材料の在り方といえば、幻庵にも関連してくる話だ。

そもそも幻庵とは、川合健二による「川合邸」に影響を受けて作られた作品。川合健二は、丹下健三のもとで設備設計者として活躍したエンジニアとして知られ、世界で初めてコルゲートチューブを利用して建築をつくった人物である。

幻庵はそうした流れを汲み、規格化された工業製品をそれまでとは違った用途で大量に活用することで、工業製品の在り方に問いを投げかけている作品なのだ。

No.013

チャーリーとチョコレート工場

秘密のチョコレート工場には
建築の最先端が詰まっていた！

イギリスの小説『チョコレート工場の秘密』を原作に、ティム・バートンが監督を務め制作された長編映画。公開は 2005 年。工場の主を演じたジョニー・デップの個性的な演技・衣装も大きな話題を呼んだ。

建築様式のショールーム

もしかして、自分が当選しちゃうかも！

お菓子のおまけ、雑誌の懸賞、テレビの視聴者プレゼント……。子どもの頃、期待に胸を膨らませたあの高揚感を思い出させてくれる映画がある。ティムバートン監督の代表作「チャーリーとチョコレート工場」だ。

本作はティム・バートンによるユニークな演出や色彩はもちろんのこと、空間造形も印象的に作り込まれたものが多く、何度見返しても新しい発見がある。

金曜ロードショーで放映されるたび、チョコレート片手に必ず見るようにしているのだが、数年前のある夜、重大な事実に気づいてしまった。

あれ？　ティムってば、建築様式めっちゃ参照してない⁉

作中に登場するユーモア溢れる建物たちの造形に、建築史からの多彩な引用を感じずにはいられないのだ。

長い時間をかけ、数々の建築家たちが発展させてきた建築様式や建築思想。もしそれらを意図的に、たった1本の映画の中に詰め込んでいるのだ

ウォンカのチョコレート工場

巨大な煙突からはモクモクと煙が立ち上る。
街に聳え立つ巨大なチョコレート工場。
メルヘンチックな内部とは逆に、外観は案外ソリッドな印象だ。

としたら、ティムはプリツカー賞を獲れるくらいの建築センスの持ち主である！

作中に登場する建築群は、どれも**ポストモダン以降における重要な要素**を落とし込んだとしか思えないものばかりだ。本項では、そのひとつ一つをご紹介しよう！

チャーリーの家は、脱構築主義

主人公チャーリー・バケットとその家族が住む家は、町の外れにポツンと立ったボロボロの一軒家だ。

特徴的なのは屋根や壁が、

「写真を斜めに引き延ばしてみました！」[※1]

と言わんばかりに傾いていることである。

しかしこの傾き、老朽化のせいかと思いきや、**よく見ると屋根も壁も複雑な曲面で構成されている**ことに気づく。

一般的に、家が傾いたからと言ってこのような形になるとは考えづらい。煙突にいたっては傾いているというより、わざとキュートに弧を描くようにデザインされているように見えるし……と考えていると、ある建築様式

※1 極端に傾いたチャーリーの家。

の名前が頭に浮かんできた。

「脱構築主義」だ。

これはアメリカの建築家**フランク・O・ゲーリー**[※2]や、181ページにも登場したザハ・ハディドに代表される**ポストモダン建築**の一派である。

ポストモダンとは簡単に言えば、**刺激的で新しい形態を探求するムーブメント**を指す言葉だ。多様なスタイルに枝分かれし、現在も発展を続けているためなかなか説明するのが難しいが、**コルビュジエに代表される、合理的かつシンプルなモダニズムに対するアンチテーゼ**として誕生した潮流だと思っていただければわかりやすいだろう。

この様式を当てはめて考えると、チャーリーの家の極端な造形にも説明がつく。バケット一家は、一見質素で貧しい生活を送りながらも、実はこの街で一番前衛的な住宅に住んでいる、とてもハイセンスな一家なのかもしれない。

ウンパ・ルンパとバイオミミクリー

次に見ていくのは、作中屈指のインパクトを持つウンパ・ルンパたちに

※2　フランク・O・ゲーリーによる脱構築主義建築の代表作「ダンシングハウス」。チャーリーの家と同様、傾きやねじれが特徴的な作品だ。

ついてだ。彼らはチョコレート工場のオーナー・ウォンカと契約を結び工場で働く、小人集団である。

彼らが住む家を見て欲しい。

この家は、ウォンカが香料の採取に向かった先の「ルンパランド」に登場するものだ。ウォンカが森を進んだ先に突如現れるのは、**樹木の上に球体がいくつもへばりついたコロニー。**「彼らは猛獣を恐れ木の上に住んでいた」と、ウォンカは回想している。

丸窓が開いた球体がいくつも木の実のようにへばりついており、それら球体同士が吊り橋のような空中回廊で繋がれている。どうやら地面に降りることなく、建物間を移動できるようにデザインされているようだ。

球体は細い幹を束ねた上にくくりつけられているようにも見える。もしかすると、この凹凸のない細い幹は外敵が登ってくることを防ぐ役割があるのかもしれない。

ついつい綱渡りのように球体同士を行き来してみたいという気持ちにさせられる、魅力的な場所だ。

私はこのコロニーから、**「バイオミミクリー」**[※3]という概念を連想した。

バイオミミクリーは「生体模倣」という意味で、自然界にある様々な構造や機能を模倣し、産業へ応用することを指す言葉だ。昨今、様々な分野

※3　蚊の生態を研究し「痛くない注射針」の技術に転用するなど、その活用法は多岐にわたる。

ウンパ・ルンパたちの家

樹上に張り付いたウンパ・ルンパたちの住みか。

居住スペースは空中回廊で繋がれている。

球体はその表面積の割に、広い内部空間を獲得することができる。

で注目されている考え方である。

ハトやカラス、リスなどは、外敵から身を守るために木の上に巣を作ることで知られている。

ルンパ達の建築もまた、その習性を参考にして木の上に住処を作っているのではないだろうか。さらに小さな表面積で大きな内部空間を得ることができる球体を用いることで、材料を極限まで削減しているとも考えられる。

細部まで工夫が施された**「建築家なしの建築」**※4、それがルンパランドなのである。

ハイテク建築でお菓子を大発明

工場の内部、チョコレートの水路を進むと見えてくるのが、**発明室**※5**（INVENTING ROOM）**である。

チョコレート工場という特性上、巨大な機械を配置するための空間が設けられているのは必然だ。数々の怪しげな機械は、ダクトで繋がれ、その

※4『建築家なしの建築』とは、アメリカの建築家バーナード・ルドフスキーによる著作のタイトル。建築学生なら一度は目にする名著だ。名の通った建築家によるものでなく、世界各地の風土や独特の技術によって自然発生的に生まれた建築を多数紹介している。

中ではチョコレートやガム、飴などのお菓子が日夜開発されている。

全体的に暗い部屋の中で、カラフルで光沢のある機械は圧倒的な存在感を放っている。

このような巨大な設備からは、**「ハイテク建築」**のにおいを感じることができる。

ハイテク建築とは、1970年代に生まれた建築様式のひとつ。

シンプルなモダニズム建築に限界を感じていた建築家たちが、**当時急速に発展した工業製品をあえて露出させることで、工業製品的な美意識を建築に持ち込んだ**デザインが特徴だ。

それまで目立たないように隠されることが多かった機械や設備にスポットライトが当てられ、デザインとして活かされることになったハイテク建築。これは建築業界において、大きな価値観のアップデートが行われた出来事であった。

代表的なハイテク建築の事例はパリの**「ポンピドゥー・センター」**や**「ロイズ・オブ・ロンドン」**（次ページ図）で、ポンピドゥーセンターは当時、市民から猛烈な批判があったというが、現在ではパリでもっとも有名な観光スポットのひとつとして市民に親しまれている。

発明室のシーンでは、青く光るダクトが特に印象的である。

※5 発明室（INVENTING ROOM）

ポンピドゥー・センター

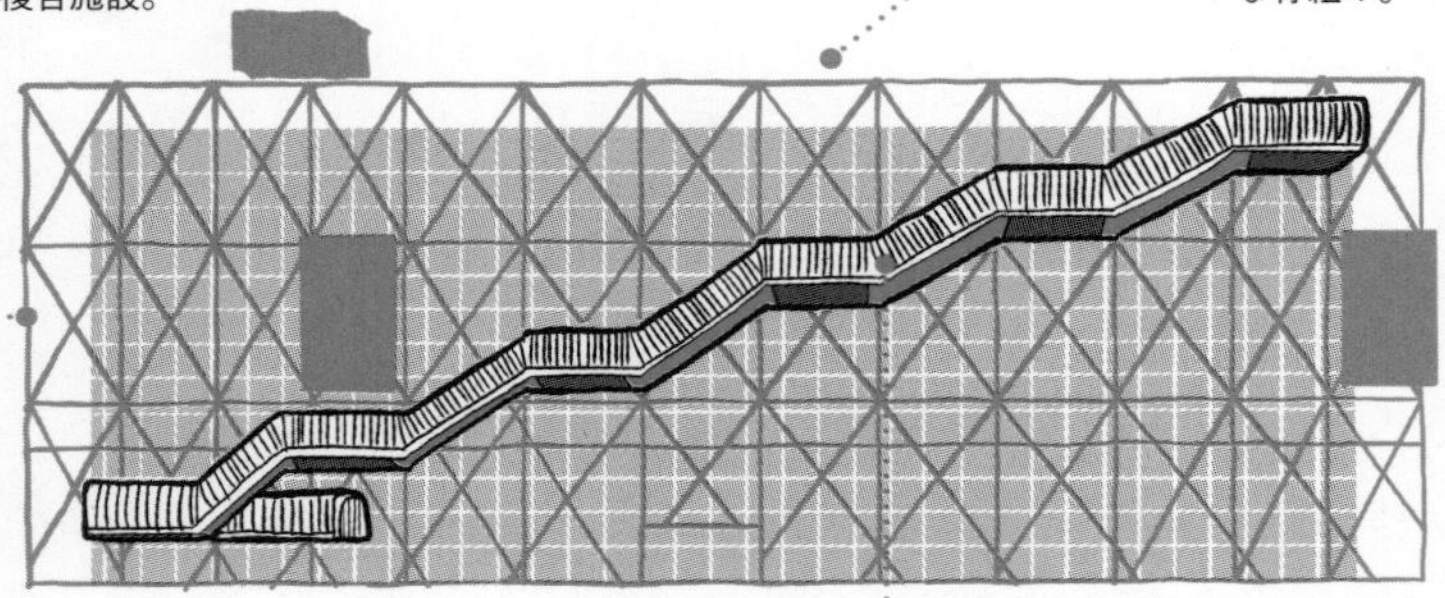
ポンピドゥー・センターは美術館や図書館などから構成される複合施設。
全体を支える武骨な骨組み。
階段や配管がむき出しになったカラフルな外観。

ロイズ・オブ・ロンドン

ロイズ本社ビルは国際的な保険市場として知られている。
メカニカルな意匠はまさに「ハイテク建築」そのものである。
配管などを敢えて前に出したメタリックな外観。

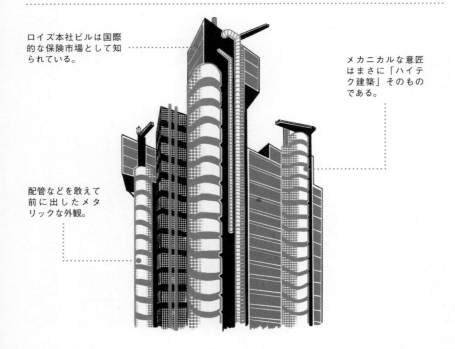

そのカラフルな色彩は子ども向けのお菓子を作るための楽しげなイメージを生みつつも、全体的に部屋を暗くすることで、同時にほのかな怪しさも感じさせる舞台装置として効いている。

ハイテク建築は1970年代に複数生まれた後、しばらく影を潜めていたが、近年ではGoogle社のデータセンターにおいて同様の意匠性が展開されている。**ファッションの流行が少しずつ形を変えながら繰り返すように、建築様式も時代の進化に伴ってリバイバルする**のである。

さてここまで見てきた通り、本作には様々な建築様式が登場するが、それはなぜだろうか？

全ての建物や部屋を脱構築主義のようにぐにゃぐにゃで統一して作ることもできただろうし、あるいは工場っぽさを全面的に押し出して、ひたすらハイテク建築のように作ることもできただろう。

しかし作中では、**異なる時代の異なる場所で生まれた建築様式が、ひとつの物語の中に次々と展開される。**

その工夫が生んでいるのは、現実世界の街と同じ「多様さ」だ。

ティム・バートン監督の作品は独創的であると評されることも多いが、言い方を変えれば、世界の多様さを包摂し、様々な「カッコよさ」として表現していると捉えることもできるだろう。

「チャーリーとチョコレート工場」が長年愛され続けている理由は、あらゆる人にとっての「好き」が見つけられるような作りになっているからなのかもしれない。

COLUMN_13

一軒まるごとお引越し？

曳き家工法の様子

『チャーリーとチョコレート工場』のラスト。工場の跡を継ぐことになったチャーリーは、家族が住む「傾いた家」ごと、工場の中へ引っ越しをすることに決める。チャーリーは家族と離れ離れにならず、孤独だったウォンカもまた、新しい家族を手に入れることができた――という美しいハッピーエンドで、物語は幕を閉じる。

家ごと引っ越すなんて、フィクションの中だけの話……どうしてもそう思ってしまいがちだが、実はこれ、現実世界でも可能である。家ごと引っ越しをするのに用いるのは、「曳き家工法」という工法だ。これは建築物を移動させたり改修したりする際に使われる工法で、土地の区画整理や文化財の保存の目的でよく使用されている。

具体的なやり方としては、建物のうち、コンクリート基礎よりも上の部分を持ち上げて目的地までレールで運び、下ろす……以上だ。

そう、簡単に言えば、ただ家を持ち上げて運んでいるというだけなのである。拍子抜けしてしまうほど簡単なやり方だが、これは現在も用いられるれっきとした建築工法だ。

貧しさからボロボロの家に住んでいたチャーリー一家だが、一方では思い出の詰まった我が家に愛着を持っていたのだろう。

これからも同じ家に、同じメンバーで住み続けていく。そんな心温まるラストに、いつも泣かされてしまう。

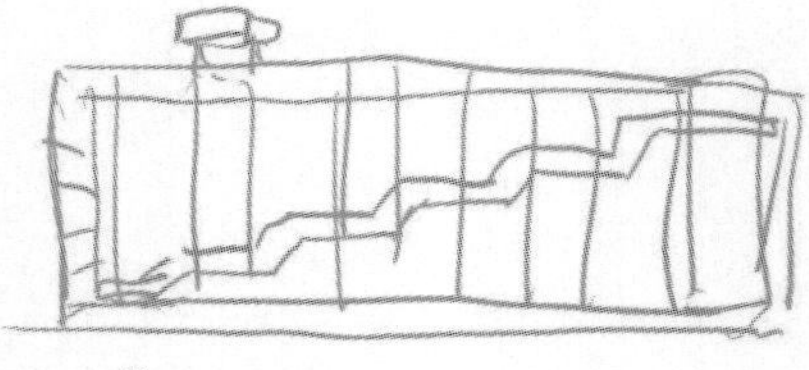

ポンピドゥーセンター

postscript ー おわりに

大げさに聞こえるかもしれないが、**私は建築を知ることで、日常生活が格段に楽しくなる**と思っている。

今まで当たり前に目にしてきた建物に対する見方が変わったり、あるいはアニメや映画の作り込まれた世界観から見えてくる情報量が増えたりと、**日常の見え方が変わり〝深度〟が増していく**気がするのだ。

本書を通して、あなたが建築に対して感じていた「なんとなく好き」という感覚が少しでも言語化されたのであれば、これに勝る喜びはない。

そして建築に携わる人間としては、これから建築という分野にもっと興味を持ってもらえたら嬉しいなと思う。というのも、**現代は建築業界にとって大きな転換点となり得る、非常に難しくも面白い時期**だからだ。

世の中の建築に大きな変化が訪れるタイミングは、（経済的な要因を除き）個人的に大きく3つあると考えている。

1つめは、技術的な革新が起こったとき。本編でも触れた通り、テクノロジーの進化は建築の進化と大きく結びついている。

直近で言えば、やはり3Dプリンターの誕生は最も注目されている出来事だろう。昨今では**3Dプリンターでしかできないような造形**や、職人不足を解決する事例が少しずつ出てきている。

いずれは全くの無人で非常に複雑な形の建築を自動でプリントしてしまうことだって可能になるかもしれない。いつかそんな技術が実現されたら、建築の在り方そのものが更に大きく変化することになるだろう。

2つめは、社会的な価値観の見直しや変革が生じたとき。建物の老朽化に伴うリノベーションが盛んになった今、既存の建築をどう利用し、どう更新していくかという社会的需要や価値観は、どんどん更新されていくことになるだろう。**歴史の継承と刷新についての議論**は、今後あらゆる場面で進んでいくはずだ。

そして**3つめは、建築に対する思想や捉え方に、何らかの大きな動きがあったとき**だ。

少し前まで、日本における新たな建築の提案はどうしても首都である東京から発信されることが多かった。

しかし現在は、情報や技術が全国的に平準化されてきており、都心で設計の修業を積んだ建築家が縁のある土地に移住して活躍する事例も増えてきている。**都心では生まれない地方独自の建築作品の誕生は、今後さらに加速していくだろう。**

過渡期を迎える建築業界は今後、私たちにどんな進化を見せてくれるのだろうか？　本書で取り上げたような建築知識を土台に、ワクワクする展開が期待できそうだ。

マンガやアニメに登場するような夢の建築が見られる日は、もしかしたらそう遠くないのかもしれない！

2024年5月　千葉光（NoMaDoS）

《参考文献》

魔法少女まどか☆マギカ 「まどマギ」に学ぶ〝なんとなくイケてる建築〟の正体

・20世紀の空間デザイン／彰国社／2003年 ・建築をめざして／SD鹿島出版会／1967年 ・新建築 建築20世紀 1・2／新建築社／1991年 ・建築家ル・コルビュジェの教科書。／マガジンハウス／2004年 ・世界の建築家解剖図鑑／エクスナレッジ／2018年 ・リートフェルトの建築／TOTO出版／2009年 ・ル・コルビュジエの生涯／彰国社／1981年 ・世界でいちばん素敵な建築の教室／三才ブックス／2019年 ・コンパクト版 建築史【日本・西洋】／彰国社／2009年

任天堂 スーパーマリオシリーズ 屋根って自由だ! クッパ城に溢れる遊び心を見る

・20世紀の空間デザイン／彰国社／2003年 ・a+u 2015年7月号 ・新建築 建築20世紀 1・2／新建築社／1991年 ・建築における日本的なもの／新潮社／2003年 ・戦時下日本の建築家：アート・キッチュ・ジャパネスク／朝日新聞出版／1995年 ・新建築 2018年1月号 ・世界でいちばん素敵な建築の教室／三才ブックス／2019年 ・おかしな建築の歴史／エクスナレッジ／2013年

HUNTER×HUNTER そもそもどうやって建てるの? 独自の歴史と美しさを持つタワー建築

・HUNTER×HUNTER／集英社／1991年 ・20世紀の空間デザイン／彰国社／2003年 ・新建築 建築20世紀 1・2／新建築社／1991年 ・死ぬまでに見たい世界の超高層ビル／エクスナレッジ／2014年 ・世界の建築家解剖図鑑／エクスナレッジ／2018年 ・アール・デコの摩天楼／鹿島出版会／1990年 ・都市建築の高層化によるスカイラインの出現／東京大学 青山賢治 ・世界でいちばん素敵な建築の教室／三才ブックス／2019年 ・各種建物形状による超々高層建物の空力特性変化／日本風工学会誌第38巻第3号（通号第136号）平成25年7月

レディ・プレイヤー1 日本が生んだ驚きの手法 生き物のように形を変える建築

・20世紀の空間デザイン／彰国社／2003年 ・新建築 建築20世紀 1・2／新建築社／1991年 ・菊竹清訓巡礼／日経

BP／２０１２年　・行動建築論　メタボリズムの美学／彰国社／２０１１年　・日経XTECH2017年9月14日号　・世界でいちばん素敵な建築の教室／三才ブックス／２０１９年　・メタボリズム　１９６０年代 日本の建築アヴァンギャルド／ＩＮＡＸ出版／１９９７年　・代謝建築論：か・かた・かたち／彰国社／２００８年

ドラゴンボール　魔人ブウは天才建築家!? 夢が広がるシェル構造

・DRAGON BALL／集英社　・20世紀の空間デザイン／彰国社／２００３年　・DRAGON BALL 大全集1～7年　・新建築　建築20世紀　1・2／新建築社／１９９１年　・「新建築」２０１６年1月号　・伊藤豊雄講演会記録／東日本大震災後の一年を考える　・新建築15年9月号　・世界でいちばん素敵な建築の教室／三才ブックス／２０１９年

千と千尋の神隠し　湯婆婆の空間デザインセンス！ 油屋に学ぶ「抜け」のテクニック

・20世紀の空間デザイン／彰国社／２００３年　・『ジブリの教科書12』／２０１６年　・新建築　建築20世紀　1・2／新建築社／１９９１年　・ロマンアルバム千と千尋の神隠し／２００１年　・新建築　２００６年5月号　・世界でいちばん素敵な建築の教室／三才ブックス／２０１９年　・世界の建築家解剖図巻／エクスナレッジ／２０１８年　・新建築２１０１建築論壇　人びとのための場所

呪術廻戦　建築史に残る大論争！ 呪術高専は日本らしくない…？

・呪術廻戦／集英社　・20世紀の空間デザイン／彰国社／２００３年　・丹下健三（１９４９）「広島市平和記念都市に関連して」新建築　１９４９年10月号　・新建築　建築20世紀　1・2／新建築社／１９９１年　・丹下健三＋藤森照信（２００２）「丹下健三」新建築社　・丹下健三 伝統と創造－瀬戸内から世界へ／美術出版社／２０１３年

ＯＮＥ ＰＩＥＣＥ　ファン続出の可愛らしさ！ ワンピースの「見栄っ張り建築」

・ＯＮＥ ＰＩＥＣＥ／集英社　・20世紀の空間デザイン／彰国社／２００３年　・新建築　建築20世紀　1・2／新建築社／１９９１年　・看板建築 新版／三省堂／１９９９年　・コンパクト版　建築史【日本・西洋】／彰国社／２００９年

新世紀エヴァンゲリオン　NERVは最強の要塞だった？　歴史の裏側で誕生した要塞建築の世界

・20世紀の空間デザイン／彰国社／２００３年　・新建築　建築20世紀　1・2／新建築社／１９９１年　・アニメ建築／グラフィック者／２０２１年　・世界でいちばん素敵な建築の教室／三才ブックス／２０１９年

ゲゲゲの鬼太郎　家は住むためだけじゃない！　建築が持つもうひとつの価値とは？

・20世紀の空間デザイン／彰国社／２００３年　・日本の地霊／講談社／１９９９年　・新建築建築20世紀　1・2／新建築社／１９９１年　・世界でいちばん素敵な建築の教室／三才ブックス／２０１９年　・ゲニウスロキー建築の現象学を目指して／クリスチャン・ノベルクシュルツ／１９７９年　・おかしな建築の歴史／エクスナレッジ／２０１３年

クレヨンしんちゃん ヘンダーランドの大冒険　尖る！　はみ出す！　ド派手に主張する建築たち

・20世紀の空間デザイン／彰国社／２００３年　・新建築　建築20世紀　1・2／新建築社／１９９１年　・世界でいちばん素敵な建築の教室／三才ブックス／２０１９年　・おかしな建築の歴史／エクスナレッジ／２０１３年

ハウルの動く城　街が歩いて移動する⁉「建てない」建築の世界

・20世紀の空間デザイン／彰国社／２００３年　・新建築　建築20世紀　1・2／新建築社／１９９１年　・世界でいちばん素敵な建築の教室／三才ブックス／２０１９年　・建築の解体／鹿島出版会／１９９７年　・おかしな建築の歴史／エクスナレッジ／２０１３年

チャーリーとチョコレート工場　秘密のチョコレート工場には 建築の最先端が詰まっていた！

・20世紀の空間デザイン／彰国社／２００３年　・新建築　建築20世紀　1・2／新建築社／１９９１年　・世界でいちばん素敵な建築の教室／三才ブックス／２０１９年　・世界の建築家解剖図巻／エクスナレッジ／２０１８年　・おかしな建築の歴史／エクスナレッジ／２０１３年　・コンパクト版　建築史【日本・西洋】／彰国社／２００９年

著者略歴

千葉 光（執筆・初期企画）
取締役／一級建築士・管理建築士

東北大学大学院 都市・建築学専攻修了。（株）久米設計にて国内外の宿泊施設や商業・教育施設など多岐にわたるプロジェクトの意匠設計に従事する。2018年に（株）NoMaDoSを共同設立、取締役に就任。現在は意匠設計部統括を務めながら、地方拠点の個性を掘り起こすサービス「nomarchy」の展開も進める。推し建築は、『セクシーコマンドー外伝 すごいよ!!マサルさん』に登場する「マサルさんの家」。

吉川尚哉（イラスト・執筆）
建築家・イラストレーター／元 NoMaDoS 意匠設計部

1992年岩手県生まれ。東北大学大学院 都市・建築学専攻修了。株式会社 NoMaDoS を経て、現在は、建築ダウナーズのメンバーとして主に展覧会の会場デザインや什器制作のほか、林業と建築の繋がりに関するリサーチなどを行う。最近は本屋を始める機会を窺っている。好きな建築は、『チャーリーとチョコレート工場』に登場する「チャーリーの家」。

伊勢崎 勇人（文章校正）
代表取締役／一級建築士

東北大学大学院 都市・建築学専攻修了。（株）類設計室、（株）久米設計にて多岐にわたるプロジェクトに従事した後、（株）NoMaDoS 一級建築士事務所、建設3Dプリンター会社（株）Polyuse、植物から内装を創るサーキュラー会社（株）Spacewasp を設立する。建築、アート、デジタル、ロボティクス、マテリアル、宇宙などを横断した活動を展開している。推し建築は、『天空の城ラピュタ』に登場する「ラピュタ城」。

高橋 良輔（文章校正）
取締役／一級建築士

東北大学大学院 都市・建築学専攻修了。（株）大気社、（株）イズミシステム設計を経て、NoMaDoS 一級建築士事務所を設立、取締役に就任。工学院大学非常勤講師。専門は、建築設備設計、省エネルギー計画。また省エネルギー適合性判定・届出の申請業務、ZEBコンサルティングなども展開。推し建築は、『クレヨンしんちゃん』に登場する「野原家」。

田中滉大（初期企画）
元 NoMaDoS 事業戦略部統括／現 企画レーベル KUMO KIKAKU 主宰

1992年、熊本県生まれ。早稲田大学文学部を卒業後、都内クリエイティブエージェンシー、ビズリーチ（現 Visional グループ）を経て、2019年に NoMaDoS へ参画し、CSO／事業戦略部統括を務める。同社にて、サステナブルマップアプリ slowz など多くの新規事業・プロジェクトをプロデュースし、VOGUE JAPAN や anan、ブレーン等のメディア取材多数。2022年に NoMaDoS を卒業し、フリーランスプロデューサーとして企画レーベル KUMO KIKAKU をスタートする。推し建築は、『名探偵コナン』に登場する「阿笠博士の家」。

稲田ズイキ（初期企画）
元 NoMaDoS 事業戦略部お手伝い／現 フリーランスの編集者・作家

1992年、京都府久御山町にある月仲山称名寺生まれ。現在、副住職。同志社大学法学部を卒業後、広告代理店での会社員経験を経て、2018年に作家・編集者として独立。コラム、エッセイ、小説、漫画原作など、とにかくものを書いて暮らす。2020年にフリーペーパー『フリースタイルな僧侶たち』の3代目編集長に就任。著書『世界が仏教であふれだす』（集英社、2020）。推し建築は、『超時空要塞マクロス』に登場する「マクロス・シティ」。

アニメオタクの一級建築士が建築の面白さを徹底解剖する本。

2024年 6月18日 第一刷
2024年10月11日 第四刷

著 者 株式会社 NoMaDoS

イラスト 吉川尚哉

発行人 山田有司

発行所 株式会社 彩図社
東京都豊島区南大塚 3-24-4
MTビル 〒170-0005
TEL：03-5985-8213 FAX：03-5985-8224

印刷所 シナノ印刷株式会社

URL：https://www.saiz.co.jp
https://twitter.com/saiz_sha

 ISBN978-4-8013-0722-3 C0052